Zamyat M. Klein

Kreative Seminarmethoden

100 kreative Methoden
für erfolgreiche Seminare

Zamyat M. Klein

Kreative Seminarmethoden

100 kreative Methoden für erfolgreiche Seminare

GABAL

Bibliografische Information der Deutschen Bibliothek

Die Deutsche Bibliothek verzeichnet diese Publikation in der Deutschen Nationalbibliografie; detaillierte bibliografische Informationen sind im Internet über http://dnb.ddb.de abrufbar.

ISBN: 978-3-89749-700-9

Lizenzausgabe für Jokers
der bei GABAL Verlag erschienenen
Originalausgabe ISBN 978-3-89749-361-2

Lektorat: Diethild Bansleben, Offenbach
Umschlaggestaltung: +malsy Kommunikation und Gestaltung, Bremen
Umschlagfoto: photonica, Hamburg
Satz: Lohse Design, Büttelborn
Druck: Salzland Druck, Staßfurt

Inhalt

Methodenübersicht

Einleitung

Vielfältiges Methodenangebot

Als Trainer oder Seminarleiter bieten Sie bestimmte Inhalte oder Themen an. Doch nicht alle von Ihnen sind Pädagogen, ausgefuchste Methodiker oder Didaktiker. Aber Sie sind Fachfrauen oder -männer auf Ihrem Gebiet, und Ihre Themen stellen Sie wahrscheinlich auf die Art vor, die Ihnen vertraut ist, die Sie bei Ihrer Ausbildung oder im Studium kennen gelernt haben: Vortrag, Overhead-Folien, Flipchart, Fragen, Diskussionen.

In der Bildungsarbeit fanden schon vor längerer Zeit solche Dinge wie „Kennenlern-Spiele“ Eingang in das Seminargeschehen, die Gruppendynamik wurde thematisiert und gewürdigt, Rollen- und Planspiele wurden Varianten zum Lernen. Noch heute treffe ich manchmal auf Seminarteilnehmer, die als Allererstes verkünden: „Bloß keine Rollenspiele!“

Darum geht es im vorliegenden Buch weniger, sondern es geht vielmehr um ein vielfältiges Methodenangebot, aus dem Sie das auswählen können, was für Ihr Thema, die Teilnehmer und die Situation passend und angenehm ist. So vielfältig wie die Menschen sind, so sind auch ihre Bedürfnisse und ihre Strategien zu lernen. Die vorliegende Sammlung bietet Ihnen ein breites Spektrum an, das es ermöglicht, für alle Lerntypen und Lernstile geeignete Übungsformen anzuwenden, so dass sich Lernen in Trainings effektiver und kreativer vollziehen kann.

Vorträge

Von klassischen Vorträgen profitieren nur sehr wenige Menschen. Es wird zwar scheinbar viel Information in kurzer Zeit vermittelt, die aber nicht wirklich von den Teilnehmern aufgenommen, verarbeitet und in Handlungen umgesetzt wird. Ein erfolgreiches Training bedeutet aber, dass die Teilnehmer neues Wissen in verändertem Verhalten und in Handlungen umsetzen können. Sonst wäre es ausreichend, ein Buch zu lesen.

Teilnehmeraktivierung

Lernen in Seminaren heißt daher auch, neue Fähigkeiten üben zu können, auszuprobieren und umzusetzen. Ein Grundprinzip aller vorgestellten Methoden ist daher die „Teilnehmeraktivierung“. Was wir selber tun, verstehen und behalten wir am besten.

Nicht berücksichtigt sind in diesem Buch Möglichkeiten, die sich durch die neuen Medien entwickelt haben. Power Point und E-Learning eröffnen noch einmal ganz neue Perspektiven, die ein eigenes Buch dazu rechtfertigen.

Einführung

In diesem Buch stelle ich Ihnen eine Fülle von Methoden und Übungen vor, die ich in meiner über zwanzigjährigen Seminarpraxis ausprobiert habe. Viele Übungen habe ich selbst entwickelt, einige von anderen Trainern übernommen. Bei manchen Methoden ist auch nicht mehr festzustellen, woher sie kommen, sie sind inzwischen Allgemeingut geworden und haben vielfältige Wandlungen und Ergänzungen durchlaufen.

So sind auch diese Vorschläge hier zu verstehen: Vielleicht kommen Ihnen schon Änderungs- oder Ergänzungsideen, während Sie eine Methode lesen, vielleicht ergibt es sich während Ihres Trainings, dass neue Varianten entwickelt werden. Bei der Vorstellung der einzelnen Methoden in diesem Buch orientiere ich mich an einem Grundschema, das ich aber nicht immer durchhalte, sondern nur dann, wenn es sinnvoll ist.

1. Zur Methode
2. Verlauf
3. Mögliche Weiterarbeit und Varianten
4. Beispiele
5. Ihre Trainer-Aufgabe

Thematische Beispiele zur Umsetzung

Viele Methoden sind nur verständlich, wenn ich sie am Beispiel eines konkreten inhaltlichen Themas darstelle. Ich habe dafür solche Themen ausgewählt, von denen ich annehme, dass sie für jeden Trainer interessant sind. Auch wenn Sie zu diesem speziellen Thema selber keine Seminare anbieten, sind Themen wie zum Beispiel „Motivation“ oder „Lernstrategien“ für jeden Trainer ein nützliches Hintergrundwissen. Aber auch wenn Sie ein spezieller Inhalt nicht so sehr interessiert, können Sie die damit vorgestellte Methode auf Ihre Themen übertragen und anwenden. Im Anhang finden Sie dazu eine Übersicht über die Themen. Bei manchen Methoden entfällt der letzte Punkt „Ihre Trainer-Aufgabe“, weil entweder keine Vorbereitung erforderlich ist und Sie lediglich bei Ihrer Seminarplanung überlegen müssen, ob und wann Sie diese einsetzen wollen. Oder die Aufgabe ist mit der einer anderen Methode identisch (weil sie vielleicht eine Variante darstellt), in diesem Fall verweise ich nur darauf.

Querverweise lesen

Sie werden viele Querverweise finden. Ich empfehle Ihnen, hin und her zu blättern und zu lesen. Dies ist ein Arbeitsbuch und kein Roman, den man in der vorliegenden Reihenfolge lesen muss. Im Glossar finden Sie kurze Erklärungen zu den verschiedenen Methoden-Systemen, wie beispielsweise Suggestopädie. Sehen Sie sich dazu die weiterführende Literatur an.

Zu jedem Abschnitt oder Oberthema finden Sie eine Sammlung sehr unterschiedlicher Methoden. Manchmal sind die Inhalte fast identisch (zum Beispiel bei der Seminarauswertung oder dem Transfer), aber die Form ist eine andere. Für die Teilnehmer macht es einen großen Unterschied, ob sie eine „Fantasiereise" erleben, Karten beschriften oder sich in kleinen Gruppen austauschen.

Variieren Sie Methoden und Sozialformen

Ein lebendiges und abwechslungsreiches Seminar entsteht u. a. dadurch, dass Sie die Methoden und Formen in Ihrem Seminarverlauf variieren. So können Sie zum Kennenlernen einen Fragebogen ausfüllen lassen und anschließend die Teilnehmer bitten, sich durch den Raum zu bewegen. Bei den Seminarerwartungen setzen Sie eine Moderationsmethode ein, und schließlich arbeiten alle an einem Gruppen-Mind-Map. Das ist ein Wechsel der Methoden und Sozialformen: Mal geht es bewegter zu, mal ruhig, mal arbeiten die Teilnehmer alleine, mal in kleinen Gruppen oder im Plenum. Keine Methode oder Sozialform ist an sich gut oder schlecht, ihre beste Wirkung entfaltet sie in einem sinnvollen Zusammenspiel. Solch ein Wechsel fördert die Konzentrationsfähigkeit der Teilnehmer, das eine ist Erholung vom anderen. Daher finden Sie zu ein und demselben Inhalt auch verschiedene Methoden. Sie haben dann die Wahl und bestimmen diejenige, die am besten in Ihre Gesamtchoreografie passt.

1 Seminareinstieg

1.1 Begrüßung und Organisatorisches

Begrüßung: Nicht die Kürze macht die Würze

Sie wundern sich vielleicht, dass ich einen eigenen Kapitelpunkt für die Begrüßung und das Klären der organisatorischen Punkte eingeräumt habe. Manche handeln diesen Teil des Seminars mit einem Satz ab. Dabei kommt es etwas auf die Art der Veranstaltung an, welche Bedeutung man diesem Seminarteil zumisst. Bei einer Großveranstaltung oder einem Vortrag genügt es unter Umständen auch, „Meine Damen und Herren, ich begrüße Sie ganz herzlich zu meinem Vortrag über das Thema XY" zu sagen.

Aufmerksamkeit erregen

Obwohl auch hier ein anderer Einstieg für größere Aufmerksamkeit sorgen könnte. Sei es, dass Sie Ihre Zuhörer verblüffen, indem Sie sie direkt ins Thema werfen oder mit einem Scherz beginnen, der gleich die Atmosphäre auflockert. Eine Geschichte oder ein konkretes Beispiel können ebenfalls für offene Ohren sorgen. Wenn Sie ein Seminar mit einer überschaubaren Anzahl von Teilnehmern durchführen und dies womöglich über mehrere Tage hinweg, können hier schon die Weichen gestellt werden.

Vermitteln Sie Sicherheit

Sie können mit verschiedenen Signalen zeigen, dass und wie Sie sich auf die Teilnehmer vorbereitet haben. Durch diese Vorbereitung und einen klaren Rahmen können Sie den Teilnehmern Sicherheit vermitteln, denn für viele sind die Anfangssituationen in Seminaren nicht ganz stressfrei.

Im Folgenden stelle ich Ihnen einige Beispiele vor.

1 Begrüßungs-Flip

Namen der Teilnehmer

An der Eingangstür oder einem anderen auffälligen Platz hängt ein Flipchart oder Poster. Darauf steht zum Beispiel „Herzlich Willkommen" und darunter stehen alle Namen der erwarteten Teilnehmer (Vor- und Zunamen). Die genaue Gestaltung steht Ihnen ganz frei. Damit Sie nicht für jedes Seminar ein neues Flip schreiben müssen, können Sie zum Beispiel ein Poster laminieren und Namenszettel darauf kleben, die sich leicht wieder lösen und austauschen lassen. Oder Sie notieren die Namen auf große Post-it-Zettel. Andererseits ist es auch nicht so viel Arbeit, „Herzlich Willkommen" zu schreiben. Die Namen müssen Sie ja ohnehin jedes Mal neu schreiben. So fühlt sich jeder gleich persönlich angesprochen und kann schon mal schauen, wer sonst noch alles da ist.

Ein Begrüßungsflip ohne Namen der Teilnehmer ist eine Variante, mit einem bunten Bild in der Mitte und dem Seminartitel.

2 Zeiten- und Organisations-Übersicht

Lockere Atmosphäre schaffen

Gerade am Anfang eines Seminars sind die Teilnehmer verunsichert: neue Menschen, eine neue Umgebung, ein fremder Trainer. Ich habe es früher oft unterschätzt, dass auch Teilnehmer, die beruflich daran gewöhnt sind, mit und vor Gruppen zu arbeiten, in solch einer Situation verunsichert sein können oder regelrecht Ängste haben: Wie sie mit der Gruppe klar kommen, wie sie sich fühlen werden. In der Auswertung zu Seminarende kam dann öfter zur Sprache: dass sich diese Unsicherheit schnell gelegt hat und sie sich schnell wohl gefühlt haben, was unter anderem daran lag, dass zu Beginn spielerische Formen des Kennenlernens durchgeführt wurden, die schnell eine lockere Atmosphäre entstehen ließen. Es kann für manche Menschen zu Beginn auch entlastend sein, erst einmal die Eckdaten und verschiedene organisatorische Dinge vorgestellt zu bekommen und abzusprechen. Man muss noch nicht selbst aktiv werden und bekommt schnell einen Überblick über die Rahmenbedingungen.

Ich stelle die Seminarzeiten vor, die gleichzeitig auf einem Flipchart stehen und die gesamte Zeit über zur Orientierung an der Wand hängen bleiben. Ob man die Zeiten vorher mit den Teilnehmern zusammen abspricht oder sie von sich aus nach bestimmten Kriterien festlegt, kann natürlich jeder selbst entscheiden. Weiterhin gebe ich hier Informationen über das Hotel oder Tagungshaus, Freizeitmöglichkeiten usw.

3 Geschichte

Interesse wecken

Ich habe in einem Seminar Folgendes erlebt: Nach einem Begrüßungssatz setzte sich die Trainerin hin und las uns ohne weitere Erklärung eine Geschichte vor. Das hat mich im ersten Moment irritiert, weil ich versuchte, die Verbindung zum Seminarthema zu finden, andererseits aber auch für die nötige Neugier und Aufmerksamkeit gesorgt, denn so war ich innerlich sehr aktiv beteiligt. Es kam von Innen her der Hinweis: Achtung, das ist etwas Besonderes! Sie können auch eine ganz persönliche Geschichte erzählen, die Ihren Bezug zum Thema zeigt, ein Erlebnis, das Sie damit hatten, oder eine Erfahrung, die Ihnen geholfen hat. Auch das wird Interesse hervorrufen und vielleicht auch Irritation, wenn ein Trainer gleich so etwas Persönliches von sich gibt. Welche Form Sie wählen, hängt auch von Ihrer Person ab. Sind Sie ein Trainer, der keine Probleme damit hat, sich auch persönlich als Mensch einzubringen, so ist das eine Variante für Sie. Wenn es überhaupt nicht Ihrem Naturell entspricht, lesen Sie vielleicht lieber eine Geschichte vor. Wie immer sollten Sie die Form wählen, die zu Ihnen passt, bei der Sie sich wohl und sicher fühlen.

1.2 Kennenlernen und Zusammenkommen

Zeit zum Kennenlernen

Wenn Sie ein Seminar halten, das länger als einen Tag dauert, sollten Sie der Gruppe die Zeit geben, sich kennen zu lernen, was die weitere Zusammenarbeit erleichtert und fördert. Manchem kommt dies vielleicht als Zeitverschwendung vor, ich hingegen halte es für wichtig. Die Chance ist größer, dass wirklich in der Tiefe diskutiert wird, Probleme angesprochen und bearbeitet werden können und die Teilnehmer nicht glauben, sich als tolle Lehrer, Verkäufer oder was auch immer darstellen zu müssen. Es zahlt sich auch inhaltlich aus, wenn eine lockere, offene und vertrauensvolle Arbeitsatmosphäre entsteht, denn das hat auf den Lerneffekt eine enorme Wirkung. Außerdem können Sie diese Kennenlern-Methoden oft auch schon mit dem Inhalt und den Themen des Seminars in einen Zusammenhang bringen. Damit dient diese Phase gleichzeitig schon einer Annäherung an das Thema oder der Vorbereitung darauf. Hier nur einige wenige Vorschläge, die sich in meinen Seminaren besonders bewährt haben.

4 Landschaften stellen

Zur Methode

Früher begannen Seminare oft mit einer langweiligen und ineffektiven Vorstellungsrunde, in denen sich reihum jeder vorstellte, sagte, wie er heißt, welchen Beruf er ausübt usw. Das empfanden viele Teilnehmer als stressig, außerdem hörte nach einer Weile keiner mehr zu, geschweige denn, dass Details behalten wurden. Natürlich besteht ein Interesse daran, zu erfahren, wer die anderen sind, woher sie kommen, in welchem Arbeitsbereich sie arbeiten usw.

„Landschaften stellen" ist nun eine Methode, mit der man solche Informationen in viel kürzerer Zeit und zudem auf viel anschaulichere Weise bekommen kann. Es ist zudem eine Form, bei der auch kinästhetische Lerner zum Zuge kommen.

Verlauf

Die Teilnehmer werden aufgefordert, sich hinzustellen. Sie stellen eine Frage und bitten die Teilnehmer, sich der Antwort entsprechend zu gruppieren. Sie können die Fragen aus verschiedenen Bereichen mischen, so z. B. Fragen, die zum Seminarthema gehören, oder solche, die sich auf den beruflichen und/oder persönlichen Hintergrund der Teilnehmer beziehen. Bei manchen Fragen werden auch Linien gebildet, dabei stellen sich die Teilnehmer in einer Diagonalen auf, z.B. von 0% bis 100%, oder die Teilnehmer ordnen sich bestimmten Ecken zu. Sie können auch mit Tesakrepp ein Koordinatenkreuz auf den Boden kleben, das ist eine etwas kompliziertere Variante.

Mögliche Weiterarbeit und Varianten

Oft reicht es zu Beginn aus, einen Überblick über bestimmte Fragen zu bekommen. Wenn Sie wollen, können Sie aber aus den Gruppen noch genauere Informationen erfragen. Wie weit Sie in die Tiefe gehen, hängt u. a. von der Größe der Gruppe ab oder welche Informationen Sie für Ihre Weiterarbeit benötigen. Sie können die Teilnehmer anleiten, sich in den Gruppen auszutauschen.

Im Folgenden stelle ich Ihnen einige Beispiele vor, die Sie nach Ihrem Thema und Ihren Bedürfnissen verändern können.

Beispiele

Allgemeine Fragen und Aufforderungen

1. Stellen Sie sich bitte nach Berufsgruppen zusammen.
2. Aus welchem Teil Deutschlands kommen Sie (welches Bundesland?)
3. Wenn Sie jetzt in Urlaub fahren könnten und Sie hätten die Wahl, wofür würden Sie sich entscheiden? Ans Meer, in die Berge, in die Wüste?

Zeitmanagement:

1. Wer hat sich schon einmal mit dem Thema beschäftigt? (4 Gruppen: *Fortbildung besucht, Etwas darüber gelesen, Auf andere Art, Eher nicht*).
2. Wer hat schon mal eine der Methoden ausprobiert? Zwei Gruppen: *Ja* und *Nein*
   Ja- Gruppe weiter befragen: Welche Methoden? Mit welchem Erfolg? mit Erfolg / ohne / teilweise

3. Wer fühlt sich oft unter Zeitdruck oder gehetzt? *Ja* und *Nein*
4. Wer schätzt sich selbst als eher schnell oder als eher langsam ein? (Sprechen, gehen, schreiben, arbeiten) *Schnell* und *langsam*
5. Wer trägt eine Uhr? *Immer, manchmal* und *nie*
6. Wer meint, dass er mehr als 50 % seiner Zeit mit überflüssigen oder unerfreulichen Dingen zubringt?

Lehren und Lernen

1. Wem hat Lernen in der Schule Spaß gemacht? (Hier wird eine diagonale Linie gebildet: Zum einen *„Total viel Spaß"*, zum anderen *„Weniger Spaß"*, dazwischen die entsprechenden Abstufungen).
2. Wie sieht das heute aus? (Hier ist es dann interessant, die Veränderungen zu sehen …)

Motivation

1. Wer war schon einmal sehr für etwas in seinem Leben motiviert? (Jeder sucht sich einen Nachbarn, mit dem er ein Beispiel austauscht).
2. Wer hat das Thema Motivation schon einmal mit seinen Schülern/Auszubildenden/Mitarbeitern usw. bearbeitet?
3. Wie hoch war die Motivation, zu diesem Seminar zu kommen? (Linie von eins bis hundert Prozent).
4. Wer hat Themen mitgebracht, an denen er arbeiten möchte? (*Ja* und *Nein*)

Ihre Trainer-Aufgabe

Denken Sie an Ihr nächstes Seminar oder an eines der nächsten Seminare. Welche Fragen fallen Ihnen ein, die für Sie und die Teilnehmer interessant sein könnten? Notieren Sie allgemeine Fragen sowie Fragen, die sich auf das Seminarthema beziehen. Sie können am Ende der Übung auch die Teilnehmer bitten, selber noch Fragen zu stellen, nach denen sich die Gruppe aufstellen soll.

5 Rasender Reporter

Zur Methode

Bei diesem Spiel kommen die Teilnehmer in Bewegung, erfahren etwas übereinander und bekommen schon Eindrücke zum Seminarthema. Mit Wettspielcharakter wird das Spiel noch dynamischer.

Verlauf

Jeder Teilnehmer erhält ein Blatt – wie weiter hinten abgebildet –, auf dem Fragen zur Person stehen. Auch hier kann es eine Mischung aus persönlichen Fragen sein und solchen Fragen, die mit dem Seminarthema zu tun haben. Die Teilnehmer stehen auf, bewegen sich durch den Raum und nehmen Kontakt mit den anderen auf. Die Aufgabe besteht darin, zu jeder Frage einen Teilnehmer zu finden, der die Frage mit *Ja* beantworten kann und dazu mit seinem Namen unterschreibt. Für jede Frage muss man sich wieder einen neuen Mitspieler suchen.

Wer als Erstes eine senkrechte, waagerechte oder diagonale Zeile mit Unterschriften voll hat, ruft „Bingo“ und hat gewonnen. Damit das Spiel nicht zu schnell zuende ist, sollen sich diejenigen, die „Bingo“ gerufen haben, das merken.

Mögliche Weiterarbeit und Varianten

Nach 5 – 10 Minuten können Sie diese Runde beenden und die Teilnehmer bitten, sich wieder in den Stuhlkreis zu setzen. Es wird nun geklärt, wer die ersten drei Sieger waren. Diese können sich nun nacheinander einen Teilnehmer aus ihrer Unterschriftensammlung auswählen (wo sie das Thema vielleicht besonders interessiert) und nachfragen, warum hier mit Ja geantwortet wurde.

Variante für Sprache, Fachtheorie oder andere Lerninhalte
Beispiel: Suggestopädie

Während meiner Suggestopädie-Ausbildung lernte ich noch eine interessante Variante der Methode kennen. Ich werde sie am Beispiel-Thema „Suggestopädie“ vorstellen.

Zur Methode

Bei dieser Methode werden mehrere Dinge gleichzeitig trainiert und gefordert:

1. *Lernstoff wiederholen*
2. *Kontakt aufnehmen und fragen*
3. *Gruppenarbeit (über die Antworten diskutieren)*
4. *Lernen kann während des Spiels stattfinden (durch die richtigen Antworten anderer)*
5. *Alle Lerntypen werden angesprochen:*
   visuelle: durch lesen, schreiben und bunte Karten
   auditive: durch reden und fragen
   kinästhetische: durch den Raum durchqueren

Verlauf

1. Die Teilnehmer bekommen jeweils einen Fragebogen, der in der Aufteilung etwas anders aussieht (siehe Beispiel). Auch hier besteht der erste Schritt darin, für jede Frage einen anderen Teilnehmer zu finden, der sie beantworten kann. Diesmal aber nicht mit *Ja* oder *Nein*, sondern inhaltlich. Die Antwort wird neben die Frage geschrieben und mit Namen quittiert.

2. Wenn alle Fragen beantwortet sind, setzen sich die Teilnehmer in Arbeitsgruppen von 4 – 5 Teilnehmern zusammen. Ihre Aufgabe besteht nun darin, die Fragen einzeln durchzugehen und die Antworten zu vergleichen. In der kleinen Gruppe wird jeweils entschieden, welche Antworten als richtig gelten (diese bekommen 2 Punkte), welche teils richtig/teils falsch (1 Punkt) oder gar ganz falsch (keinen Punkt) sind.

Lernstoff vertiefen und diskutieren

In dieser Phase wird also der Lernstoff noch einmal diskutiert und vertieft. Das beinhaltet einen viel größeren Lerneffekt, als wenn einfach die Antworten mit einer richtigen Liste verglichen würden.

3. Man kann anschließend die Fragen in der Gesamtgruppe noch einmal besprechen, das wird aber meist nicht nötig sein. Vielleicht gibt es nur zu einigen speziellen kniffligen Fragen Diskussionsbedarf oder Unklarheiten, die Sie als Trainer beantworten können.

Ihre Trainer-Aufgabe

Denken Sie an eins Ihrer nächsten Seminare und überlegen Sie sich:
a) Fragen zum Kennenlernen oder Spaßfragen
b) Fragen zum speziellen Thema
und erstellen Sie einen entsprechenden Arbeitsbogen.

Wenn Sie auch Trainings oder Seminare geben, in denen die Teilnehmer konkreten Stoff auswendig lernen sollen, entwickeln Sie einen Fragebogen zur Variante (Beispiel Suggestopädie).

Thema: Methoden für Trainer

Wer liest gerne Fachliteratur, z. B. über Seminarmethoden? (evtl. Tipp geben)	Wer hat im letzten Monat etwas Neues angefangen?	Wer war dieses Jahr schon einmal auf einer Fortbildung?	Wer hat schon mal was erfunden? (Bsp. Seminarmethode)
Wer hat eine große Motivation für seine Arbeit? Wer hat schon mal etwas Ungewöhnliches getan?	Wer hat einmal einen Plan verwirklicht? Wer kennt einen Trainer oder eine Trainerin, der/die ihn sehr begeistert?	Wer spielt gerne? Wer kann andere für etwas begeistern?	Wer ist trotz Faulheit ganz gut durch die Schule gekommen? Wer probiert in Seminaren öfter etwas Neues aus?
Wer hat einen oder mehrere Menschen zum Vorbild?	Wer hat seinen liebsten Urlaubswunsch in die Tat umgesetzt?	Wer hat dieses Jahr ein Seminar besucht, von dem er sehr angetan war?	Wer setzt schon mal ungewöhnliche Methoden ein, auch wenn er davor Angst hat?

Thema: Motivation

Wer war in verliebtem Zustand zu Ungewöhnlichem motiviert?	Wer hat im letzten Monat etwas Neues angefangen?	Wer ist mit großer Motivation hier auf dem Seminar?	Wer kennt jemanden, der sich gut zum Spülen oder Aufräumen motivieren kann?
Wer hat eine große Motivation für seine Arbeit?	Wer hat einmal einen Plan verwirklicht?	Wer macht gerne Sport?	Wer ist trotz mangelnder Motivation ganz gut durch die Schule gekommen?
Wer hat schon mal etwas Ungewöhnliches getan?	Wer arbeitet Bankauszüge, Versicherungsunterlagen etc. zügig weg?	Wer kann andere für etwas begeistern?	Wer ist manchmal motiviert, Currywurst und Fritten zu essen?

Wer war schon mal für eine Sache sehr motiviert?	Wer hat seinen liebsten Urlaubswunsch in die Tat umgesetzt?	Wer bewundert einen Menschen wegen seiner starken Motivation?	Wer fasst Silvester immer einen Vorsatz?

Beispiel Suggestopädie Wie heißt der Begründer der Suggestopädie?	
Wie heißt die Wiederholungsphase?	
Wofür kann man Suggestopädie einsetzen?	
Was ist mit Rhythmisierung gemeint?	
Welche Entspannungselemente gibt es im suggestopädischen Unterricht? (mindestens 3 nennen)	
Nenne 3 Elemente der Suggestopädie?	
Welche Möglichkeiten gibt es, ein Thema/einen Stoff neu einzuführen?	
Nenne 3 Lernspiele.	
Was gefällt dir besonders gut an der suggestopädischen Methode?	

6 Namenskette

Zur Methode

Dieses Spiel habe ich im Laufe der Jahre in unterschiedlichen Varianten durchgeführt, aber in fast jedem Seminar, da es die beste Methode ist, um sich bis zu 20 Namen zu Beginn eines Seminars merken zu können. Das ist nicht nur für Sie als Trainer interessant. Auch die Teilnehmer profitieren davon. Es ist auch eine Form von Lerntechnik, vor allem für kinästhetische Lerner, aber auch für andere Lerntypen ist es eine Unterstützung. Die Namenskette kann mehr spielerisch und spaßig durchgeführt werden; in einem Seminar zum Thema „Lerntechniken" o. Ä. kann man die Methode aber auch als Demonstration benutzen, wie Lernen unter Stress nicht oder nur schwer funktioniert. (s. nächste Seite)

Verlauf

Alle Teilnehmer stehen im Kreis. Sie beginnen und stellen sich vor, indem Sie zunächst Ihren Namen sagen und dann eine Bewegung dazu machen. Welche Bewegung das ist, hängt davon ab, welche Spielvarianten Sie wählen (s. unten). Alle Teilnehmer wiederholen Ihren Namen und Ihre Bewegung dreimal.

Als Nächstes kommt der Teilnehmer dran, der links von Ihnen steht. Nachdem er sich vorgestellt hat und alle Teilnehmer Bewegung und Namen dreimal wiederholt haben, wiederholt er noch Ihren Namen und Ihre Bewegung usw. D. h., alle müssen die vorhergegangenen Namen und Bewegungen wiederholen, so dass die Namenskette immer länger wird.

1. Variante
Die Person

Sie bitten die Teilnehmer um eine Bewegung, die etwas mit ihrer Person zu tun hat: mit ihrem Beruf, einem Hobby oder ihrer momentanen Befindlichkeit. Dabei sollen sie aber nicht verraten, was sie darstellen soll, und die anderen dürfen auch keine Vermutungen dazu laut in den Raum rufen. Wenn die Runde fertig ist und der letzte Teilnehmer schweißüberströmt alle Namen der Gruppe wiederholt hat (manchmal werden Sie als Trainer aufgefordert, jetzt gefälligst auch noch einmal alle zu wiederholen), setzen sich alle in den Stuhlkreis.

Nun kommt der 2. Teil. Nacheinander wird geraten, was die Bewegungen der einzelnen Darsteller wohl zu bedeuten hatten.

Wer eine Vermutung hat, wird aufgefordert, diese mitzuteilen. Die Antwort sollte erläutert werden, mit Beispielen geschmückt, in jedem Fall einige ausführliche Sätze dazu gesagt werden. Schließlich geht es ja darum, sich ein wenig kennen zu lernen.

2. Variante Eine Reise

Zu Beginn klären Sie mit der Gruppe, wohin Sie gemeinsam reisen wollen. Nach Haiti, sehr schön. Zu so einer Reise muss man ja einiges mitnehmen. Jeder stellt sich nun mit seinem Namen vor und sagt, was er mit auf diese Reise nimmt. Dieser Gegenstand muss mit dem gleichen Anfangsbuchstaben anfangen wie der eigene Name (das ist eine Eselsbrücke). Dazu macht er dann noch eine passende Bewegung. Name, Gegenstand und Bewegung werden einmal wiederholt, dann kommt der Nächste dran und wiederholt wie bei Variante 1 die genannten Namen, Gegenstände und Bewegungen. Die Gruppe unterstützt ihn dabei, indem sie jede Bewegung zu jedem Namen mitmacht, ruhig auch schon, bevor er den entsprechenden Gegenstand genannt hat.

Hilfe ist erlaubt

Grundsätzlich sollten Sie bei jeder Variante die Teilnehmer dazu ermutigen, sich gegenseitig zu helfen und den eigenen Namen noch einmal zu wiederholen, wenn es irgendwo klemmt. Für viele kann es ganz schön stressig werden, vor so vielen Menschen in einer Anfangssituation ihr Gedächtnis unter Beweis zu stellen. Für einige Menschen ist diese Übung aber auch eine Offenbarung, wenn sie bislang geglaubt hatten „Namen kann ich mir nicht merken“, und nun eine neue Erfahrung machen. Oft erzählen mir die Teilnehmer am Ende des Seminars, dass diese Übung für sie besonders beeindruckend war.

*** Zu: Lernblockaden durch Stress**

Es fällt oft auf, dass die Teilnehmer den Namen der letzten Person, die vor ihnen dran war, vergessen. Das ist zum einen u. a. dem Stressfaktor zuzuschreiben („gleich bin ich dran“), was man in Seminaren, die sich mit Lernen und Gedächtnis beschäftigen, anschließend thematisieren kann, zum anderen wurde der letzte Name noch nicht öfter wiederholt. Sie können den Stress mindern, indem Sie nach jedem 7. oder 10. Teilnehmer die Runde neu beginnen.

Damit Sie keinen falschen Eindruck bekommen: Diese Übung macht den meisten Teilnehmern Spaß und es gibt viel zu lachen. Aber es kann für einzelne Teilnehmer Stress auftauchen, und dann können Sie diese Anregungen berücksichtigen.

7 Centering

Zur Methode

Centering ist eine Methode aus der Suggestopädie, die es den Teilnehmern ermöglicht, anzukommen. Sie haben vielleicht eine längere Anfahrt hinter sich, im Stau gestanden, den Zug verpasst, oder sind mit den Gedanken vielleicht noch bei der Arbeit oder bei ihrer Familie. Mit dieser kleinen Anfangsentspannung können sie sich langsam auf das Seminar einstellen und landen, nicht nur körperlich, sondern auch gedanklich und gefühlsmäßig. Ich hatte anfangs etwas Scheu, relativ schnell eine für viele doch etwas ungewöhnliche Methode anzubieten. Da ich aber am eigenen Leibe immer wieder erfahren hatte, wie wohl mir solch ein Einstieg tat, habe ich es doch riskiert. Und ich habe noch nie erlebt, dass Teilnehmer sich darüber beschwert hätten. Sie können die Übung ja auch dementsprechend ankündigen: dass sie vielleicht für einige zunächst ungewohnt ist, dass Sie die Teilnehmer aber dazu einladen, es einmal auszuprobieren. Da die Übung relativ kurz ist, ist sie sogar für diejenigen Teilnehmer zumutbar, die damit nicht so viel „anfangen" können. Ein Centering können Sie auch während des Seminars oder am Tagesende zur Entspannung einsetzen.

Entspannen und Loslassen

Verlauf

Ich bitte die Teilnehmer, sich bequem hinzusetzen, möglichst mit aufrechter Wirbelsäule und mit beiden Füßen auf dem Boden. Übereinander geschlagene Beine hemmen den Blutkreislauf, auch „in den Stühlen hängen" mag im ersten Moment entspannend wirken, beansprucht aber viele Muskeln. Dann schlage ich ihnen vor, die Augen zu schließen oder die Augen auf einem bestimmten Punkt im Raum ausruhen zu lassen. Wenn in der Mitte des Stuhlkreises ein Blumenstrauß steht, bietet er sich als Fixierpunkt an. (Es ist auf jeden Fall sinnvoll, es den Teilnehmern zu überlassen, denn nicht jeder mag die Augen schließen. Das setzt schon ein gewisses Vertrauen voraus und auch ein Sich-Einlassen auf solch eine Methode. Solange man die Augen geöffnet hat, kontrolliert man die Situation, in der man sich befindet). Im Hintergrund lasse ich eine Entspannungsmusik laufen. Die Lautstärke der Musik und der Stimme sollten vorher jedoch getestet werden: Laute Musik erschwert den Entspannungsprozess, da die Worte schlecht zu verstehen sind, zu leise Musik oder Stimme verhindert auch Entspannung, da die Teilnehmer sich dann anstrengen müssen! Wenn Sie unsicher sind, fragen Sie ruhig nach, ob die Lautstärke für alle angenehm ist und ob Sie verständlich sind. Viele Teilnehmer trauen sich nämlich nicht zu sagen, wenn es ihnen zu laut oder zu leise ist, und leiden dann die Zeit über vor sich hin.

Der eigentliche Text des Centerings (Tagesablauf bis zum Seminar und Ankunft) wird nach einer einleitenden Entspannung angefügt. Ich stelle hier eine Möglichkeit vor. Wenn Sie andere Kurz- Entspannungen kennen, können Sie diese ebenso einsetzen. Zur Not reicht es auch, einige Minuten die Musik laufen zu lassen und die Teilnehmer aufzufordern, ihre Atmung wahrzunehmen und der Musik zu lauschen. Dann tragen Sie den Text mit ruhiger klarer Stimme vor und lassen immer wieder kurze Pausen, um entsprechende Erinnerungen und Bilder auftauchen zu lassen.

Rückführung ist wichtig

Am Ende erfolgt eine Rückführung, in der die Teilnehmer ihren Körper, ihre Atmung und ihre Position im Raum wahrnehmen. Es ist wichtig, diesen Teil anzufügen, damit die Teilnehmer wieder ganz präsent sind. Bei Entspannungen zu Tagesabschluss ist es besonders wichtig, damit die Teilnehmer sich nicht halb in Trance ins Auto setzen und losfahren. Wenn Sie die Teilnehmer dazu auffordern, kleine Bewegungen zuzulassen oder sich zu recken und zu strecken, machen Sie selbst die Bewegungen bitte auch mit.

1. Beispiel

Mach es dir für einen Moment einmal ganz bequem ... du kannst die Augen schließen, wenn du magst ... oder deine Augen auf einem Punkt im Raum ausruhen lassen ... Nimm für einen Augenblick deinen Atem wahr ... die Einatmung ... und die Ausatmung ... und lasse dich ganz von deinem Atemrhythmus tragen ...

Du kannst jederzeit deine Haltung verändern … um es dir noch bequemer zu machen …
Spüre den Kontakt zum Stuhl (zum Boden / zur Unterlage) und auch, wie deine Füße den Boden berühren …
… und während du mit jedem Ausatmen … mehr loslassen kannst … kannst du noch einmal vor deinem inneren Auge den bisherigen Tag ablaufen lassen …
Wie du heute Morgen aufgewacht und aufgestanden bist … dann vielleicht noch das Frühstück … und dann das Losfahren … mit dem Auto, Zug oder Bus … Erlebe noch einmal, was du gesehen hast.. Wie hast du dich gefühlt?. … Mit welchen Erwartungen hast du dich auf den Weg gemacht? …
Schließlich bist du hier angekommen, … der erste Kontakt mit anderen Teilnehmern … was hast du wahrgenommen? … was hast du gedacht? … wie hast du dich gefühlt?. … Dann das Mittagessen, die ersten Gespräche, Blicke …
Schließlich der Seminarbeginn: Dein erster Eindruck von dem Raum. … von der Gruppe … von der Trainerin … und während du dich noch weiter entspannst … mit jedem Ein-. … und Ausatmen kannst du deine Gedanken und Bilder loslassen und wie Wellen davonfließen lassen … oder wie feiner Wüstensand, der durch die Hände rinnt und vom Wind davongetragen wird … und du bist vielleicht ganz neugierig auf das, was der Tag dir noch bringen wird, und offen für das, was du hier im Seminar erleben und lernen wirst … welche Erfahrungen du machen kannst …
Mit jeder Ausatmung kannst du noch mehr entspannen … und mit jeder Einatmung Frische und Wachheit aufnehmen … Genieße diesen entspannten Zustand noch einen Augenblick …, entspannt und wach, wach und entspannt … und komm dann langsam – in deinem eigenen Tempo – hierhin zurück in den Raum, … nimm den Kontakt zum Stuhl (zum Boden) wieder wahr, richte deine Aufmerksamkeit wieder nach außen … auf die Musik, … meine Stimme … nimm einen tieferen Atemzug und lass langsam Bewegung aufkommen … die Finger und Zehen, Arme und Beine … und strecken und räkeln … und lass deinen Körper die Bewegungen machen, die er braucht, um wieder ganz wach zu werden …
öffne dann deine Augen und sei wieder hier – wach und entspannt …

2. Beispiel

Ich möchte dich nun einladen, eine Entspannungsübung zu machen, um ganz hier anzukommen ... hierzu habe ich die CD „El Hadra" von Klaus Wiese aufgelegt ... Mach es dir ganz bequem ... wenn du willst, kannst du die Haltung jederzeit verändern ... Du kannst die Augen schließen, wenn du magst ... oder deinen Blick auf einem Punkt im Raum ausruhen lassen ...
Du kannst für einen Augenblick deinen Atem wahrnehmen ... wann die Einatmung und wann die Ausatmung erfolgt ... das Heben und Senken ... bei der Ein- und Ausatmung ... und dein Atmen bedeutet, dass du dich immer mehr entspannen kannst ...
Du spürst den Boden unter deinen Füßen ... der dich sicher trägt ... vielleicht die Stuhllehne im Rücken, die dich stützt ... und die Sitzfläche, auf der du sitzt ... und du kannst die Erfahrung machen, wie es ist, sicher getragen zu werden und sich immer mehr in die Entspannung sinken zu lassen. Während du deinen Atem wahrnimmst, wie er ein- und ausströmt ... kannst du dir erlauben, immer mehr loszulassen ... Vielleicht beginnst du ein Gefühl der Ruhe und Entspannung zu fühlen ... während du weiter ein- und ausatmest ...
Du kannst dich nun in deiner Fantasie an einen Ort begeben, an dem du dich ganz besonders wohl fühlst. Es kann ein Ort sein, den du kennst, du kannst ihn aber auch in diesem Moment erst entstehen lassen ... Und während du diesen Ort erlebst, erfährst du eine noch tiefere Entspannung und ein Wohlgefühl ... Nimm wahr, wo du dich befindest, was du sehen kannst an diesem Ort ...
Vielleicht kannst du die Farben und das Licht an diesem Ort intensiv wahrnehmen? ... Vielleicht nimmst du vertraute Geräusche wahr ... vielleicht fühlst du, was dein Körper immer fühlt, wenn du an einem solchen Ort bist ...
Wenn es etwas zu schmecken oder zu riechen gibt, dann kannst du dies vielleicht jetzt wahrnehmen ...
Nimm die wohltuenden Eindrücke dieses Ortes ganz bewusst wahr, mit all deinen Sinnen ... beim Einatmen fühlst du die beruhigende Energie, die in dich einströmt ... und du merkst, dass du ganz wach bist ... wach und doch entspannt ... Und du kannst dir erlauben, etwas zu erleben, das sehr angenehm für dich ist, wohltuend und entspannend ...
Vielleicht hast du noch nie darauf geachtet, wie es sich anfühlt, gleichzeitig wach und entspannt zu sein ... während du dich an diesem wunderbaren Ort aufhältst ... Du kannst schon jetzt oder erst in einer Wei-

le deine Gedanken hierhin schweifen lassen, in dieses Seminar ... Vielleicht bist du ganz neugierig darauf, Neues zu erfahren und es dann auszuprobieren ... Ich weiß nicht, welche Fähigkeiten du am besten nutzen kannst, um hier zu lernen und für dich das Optimale herauszuholen, aber du kannst durch deine Erfahrungen gehen, um diese Fähigkeiten zu finden. Bestimmte Dinge erlauben dir, auf angenehme und entspannte Weise zu lernen und aufzunehmen ... Jeder Gedanke, jedes Bild bringt dich näher an dein Ziel, während du dich weiter entspannst und einfach der Musik lauschst und deinen Atem geschehen lässt.

Ganz langsam ... in deinem eigenen Tempo ... kehrst du hierhin zurück, in diesen Raum ... lass Bewegungen aufkommen, in deinen Händen und Füßen ... Armen und Beinen ... du kannst dich strecken und räkeln ... und die Augen wieder öffnen und dich umschauen ... Kontakt aufnehmen und du bist wieder ganz da, entspannt und ganz wach.

Ihre Trainer-Aufgabe

Wenn Sie noch nie etwas Ähnliches wie ein Centering angeleitet haben, also auch noch keine Entspannungsübung oder eine Fantasiereise, dann können Sie den vorliegenden Text nehmen und so vorlesen. Sie können natürlich auch an dem Text Formulierungen ändern, die Ihrer Sprache mehr entsprechen. Wenn Sie sich mit so einer Methode unsicher fühlen, empfehle ich Ihnen, vorher einmal zu üben. Entweder mit Freunden oder Familienmitgliedern, denen Sie eine Entspannung anbieten oder die Sie bitten, als Testpersonen herzuhalten. Oder Sie nehmen sich selbst und Musik auf eine Kassette auf, setzen sich bequem hin und führen nach Ihrer eigenen Anleitung die Übung durch. Dann werden Sie feststellen, ob Sie zu schnell oder zu langsam sprechen, ob Ihre Stimme natürlich klingt oder übertrieben weihevoll. Eine Beobachtung, die ich öfter gemacht habe: Trainer, die zum ersten Mal eine Fantasiereise anleiteten, sprachen oft mit einer „Kindergärtnerinnen-Stimme", also übertrieben langsam und betont, weil sie meinten, das wirke entspannend. Sie können auch eigene Texte schreiben oder das Centering frei sprechen und sich nur an den groben Eckdaten orientieren: vorbereitende Entspannung, Text, Rückführung. Wählen Sie eine passende Musik dazu aus.

8 Partnerinterview mit Karten

Zur Methode *Diese Methode lernte ich in einem Moderations-Training mit Silvia Worbe und Ulrich Falck kennen. Sie ist aber nicht nur für Moderations-Trainings geeignet, sondern Sie können sie auch bei jedem anderen Seminarinhalt einsetzen. Die meisten Trainer besitzen ja Moderationsmaterialien und -karten. Ich fand die Methode allerdings in der Phase des Vorstellens in der Gesamtgruppe etwas langatmig und würde sie deshalb für kleinere Gruppen empfehlen. Oder auf das mündliche Vorstellen aller verzichten und es nur zum Nachlesen am schwarzen Brett hängen lassen. Vielleicht kommen Sie ja noch auf eine ganz andere Idee. Das Partnerinterview selber macht Spaß, und es ist auch interessant, sich die Informationen zu den anderen Teilnehmern im Laufe der Tage ansehen zu können.*

Verlauf Die Teilnehmer sollen sich zu Paaren zusammentun, und zwar immer zwei Personen, die sich nicht schon kennen. Das kann spontan geschehen, Sie können dazu aber auch ein Paar-Findungsspiel einsetzen wie die „Weihnachtsketten" (Nr. 54). An einer Pinnwand hängen Karten mit den entsprechenden Stichworten, die abgefragt und aufgeschrieben werden sollen. Die Teilnehmer interviewen sich gegenseitig und beschriften die Karten entsprechend. Diese werden anschließend an die Pinnwände geklebt. Sobald alle fertig sind, stellt jeder reihum seinen jeweiligen Partner vor.

Beispiel: Als „Regieanweisung" hängen folgende Hinweise oben auf der Pinnwand:

Wir über uns …

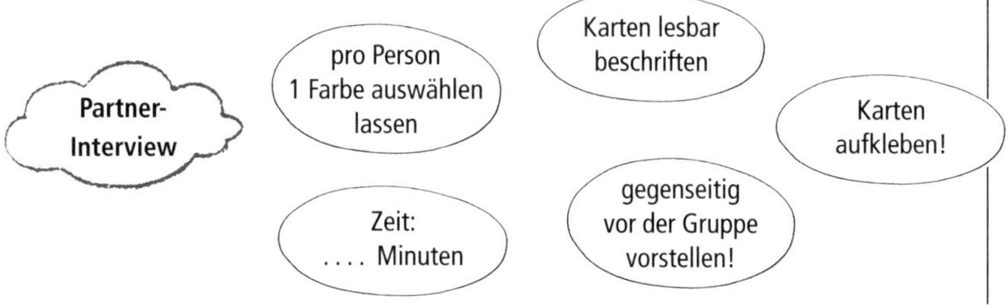

Darunter hängen untereinander ovale Moderationskarten mit folgenden Aufschriften, daneben kleben die Teilnehmer dann ihre entsprechenden Produkte.

ich heiße …

meine Hobbys sind …

mein Portrait

(das wird vom Partner gezeichnet!)

das wäre mein Traumurlaub …

damit verdiene ich meine Brötchen …

im Zirkus wäre ich gerne …

beruflich beschäftigt mich momentan besonders …

Moderationstechnik möchte ich nutzen für …

das wäre auch ein Beruf für mich …

mit „Moderationsmethode" verbinde ich …

Ihre Trainer-Aufgabe

Diese Methode erfordert nicht viel Vorarbeit und kaum Vorüberlegung, außer, ob und wann Sie sie einsetzen wollen. Sie können natürlich die Fragen variieren, vor allem die letzten beiden auf Ihr konkretes Seminarthema beziehen. Dann schreiben Sie nur die Karten mit den Stichworten und hängen das Packpapier an die Pinnwände. Fertig.

9 Bilderkarten

Zur Methode

Sie können hierfür bunte Postkarten nehmen oder eins der zahlreichen Spiele, die für Seminare entwickelt wurden, wie z. B. das OH-Spiel oder die Saga-Karten. Es können auch Bilder sein, die in einem thematischen Zusammenhang mit dem Thema stehen, aber eigentlich ist es besser, ein möglichst breites Spektrum anzubieten. Hier wird die Tatsache genutzt, dass Bilder uns auf einer anderen Ebene erreichen als Worte. Die Auswahl erfolgt nach unbewussten Kriterien, die aber dennoch etwas über uns aussagen.

Verlauf

Sie legen die Karten in einem Kreis oder einer Spirale in die Mitte und lassen den Teilnehmern erst einmal Zeit, sich alle Karten anzuschauen. Dann sollen diese sich eine Karte nehmen, die sie aus irgendeinem Grunde gerade anspricht, fasziniert oder interessiert.

Danach setzen sich die Teilnehmer in kleinen Gruppen von ca. 4 Teilnehmern zusammen und tauschen sich wie folgt darüber aus:

- warum sie die Karte gewählt haben
- was sie darauf sehen
- was das mit ihnen zu tun hat.

Die anderen dürfen nachfragen, so dass ein erstes Kennenlern-Gespräch stattfindet, bei dem ein Ausschnitt aus der momentanen Situation der Teilnehmer deutlich wird. Natürlich erzählt dabei jeder nur das und so viel von sich, wie er möchte. Die Gruppen bleiben hierbei alle im Raum und unterhalten sich entsprechend gedämpft.

Varianten

Sie können die Methode auch mit dem Seminarthema in Verbindung bringen, dies schon vor der Karten-Auswahl benennen, oder erst anschließend, wenn die Teilnehmer sich in Gruppen zusammenfinden, eine Beziehung zum Thema herstellen lassen.

Beispiele (mit anschließender Verbindung zum Seminarthema)

Motivation
Was hat das Bild mit Motivation zu tun? Drückt es eher positive Motivation aus oder das Gegenteil?

Prüfungsangst
Setze das Bild in Beziehung zum Thema „Prüfungsangst". Was fällt dir dazu ein?

Alltagssituation im Beruf
Erinnert dich das Bild an eine typische Alltagssituation in deinem Beruf – oder eher an das Gegenteil? Beschreibe sie kurz.

Beispiele (mit vorheriger Verbindung zum Seminarthema)

Motivation
Suche eine Karte aus, die etwas Motivierendes für dich ausdrückt, und eine für das Gegenteil.

Stressbewältigung
Was hat das Bild mit Stress zu tun?
Suche ein Bild aus, das für dich Entspannung symbolisiert.

Prüfungsangst
Suche eine Karte aus, die für dich etwas mit Prüfungsangst zu tun hat, und eine, die eine Möglichkeit oder Lösung zeigt, Prüfungsangst zu bewältigen.

Alltagssituation im Beruf
Suche eine Karte aus, die dich an eine typische Situation in deinem Berufsalltag erinnert oder an einen Aspekt, eine Stimmung daraus. Wähle eine zweite Karte, die einen Wunsch bezüglich deines Berufsalltags ausdrückt.

Ihre Trainer-Aufgabe

Sie können ab sofort beginnen, alle Postkarten zu sammeln, die Sie geschickt bekommen, oder wenn Sie sich langweilen, Fotos aus Zeitungen auszuschneiden und aufzukleben. Sie können aber auch in einem Katalog mit Trainings-Materialien eines der Spiele bestellen. (OH-Spiel, Saga-Karten, Persona u. a. Es gibt auch Post-

kartenserien zu bestimmten Themen wie „Momente", „Wege", „Türen", „Unterwegs" usw.)

Des Weiteren überlegen Sie, wann und wie Sie die Karten einsetzen wollen. Was ist Ihr Ziel? Sollen sich die Teilnehmer kennen lernen oder soll es schon eine Hinführung zum Thema sein? Entsprechend müssen Sie die Aufgaben für die Gruppe formulieren. Beide Varianten haben ihren eigenen Reiz: Auch wenn die Teilnehmer das Thema vorher nicht kennen, können sie immer einen Bezug herstellen, die scheinbaren „Zufälle" sind auch oft sehr erhellend. Es kann aber genauso gut interessant sein, die Teilnehmer bewusst die Karten hinsichtlich einer konkreten Fragestellung wählen zu lassen.

Tipp Wenn Sie mehrere Fragen stellen: Schreiben Sie die Aufgaben auf ein Flipchart, damit sich die Teilnehmer zwischendurch daran orientieren können. Es bleiben ja alle im Raum.

10 Symbol oder Gegenstand

Zur Methode *Diese Methode kann noch der Seminarphase „Kennenlernen" zugeordnet werden, aber auch schon ein Einstieg ins Thema sein. Meist wird beides miteinander verbunden. Sie können sie auch so einsetzen, dass sich die Teilnehmer schon vor dem Seminar mit dem Thema befassen. Je nach Thema bringen Sie entweder selbst eine Tasche voller Gegenstände mit oder bitten die Teilnehmer in Ihrem vorangehenden Anschreiben, Gegenstände mitzubringen, evtl. in Bezug zum Thema. Aber auch dann habe ich immer einige Reservegegenstände mit, da nicht alle der Bitte nachkommen oder es vergessen.*

Tipp Diese Gegenstände haben Sie schnell zusammengesammelt. Geeignet ist jede Art von Krimskrams, von einer kaputten Glühbirne über einen Stein oder eine Feder bis hin zu einem Spielzeug, Computerteilen oder einem Briefumschlag. Es sollte einfach eine möglichst breite Palette von Alltagskram sein. Ich habe einmal gehört, dass jeder Mensch eine Schublade oder eine Schachtel hätte, in der solcher Kram liegt, von dem man nicht weiß, wo er zuzuordnen und unterzubringen ist. Das können auch unliebsame Geschenke sein, die man aus Pietätgründen nicht einfach wegwerfen möchte. Dieser Schubladeninhalt ist prächtig geeignet für diese Seminarmethode – und bekommt somit doch noch einen Sinn. (Krimskrams- und Kitsch-Recycling).

Verlauf

Beispiel: Kennenlernen
Sie haben eine Kiste oder Tasche voller Gegenstände mitgebracht, die Sie in die Mitte des Stuhlkreises legen. Die Teilnehmer sollen sich spontan einen Gegenstand auswählen, der ihnen ins Auge springt – ohne dass Sie vorher ein Thema oder ein Auswahlkriterium nennen. Anschließend erzählt jeder reihum, warum er diesen Gegenstand ausgewählt hat und was er für ihn bedeutet.

Beispiel: Stressbewältigung
Sie bitten die Teilnehmer in Ihrem Anschreiben, welches Sie ihnen einige Zeit vor dem Seminar zuschicken, zwei Symbole mitzubringen. Ein Symbol, das für sie Stress symbolisiert, und ein Symbol für das subjektive Gegenteil. Im Seminar werden diese Symbole und Gegenstände in die Mitte gelegt und Sie fordern die Teilnehmer auf, sich zwei Symbole auszuwählen: eins für Stress und eins für das Gegenteil – aber nicht die eigenen. Dann erklärt jeder reihum, warum er welche Symbole ausgewählt hat und was sie für ihn bedeuten. A beginnt, anschließend gibt A die Symbole demjenigen Teilnehmer, der diese mitgebracht hat. Dieser erläutert dann, was er mit dem Symbol gemeint hat. Das kann etwas Ähnliches sein oder das Gegenteil.

Durch diesen Einstieg erfahren Sie einiges über die Teilnehmer und über ihre Gedanken zum Thema.

Thematischer Bezug

1. Jeder Teilnehmer wählt sich spontan einen Gegenstand ohne genauere Anweisung)
2. Jeder soll einen Bezug zum Thema herstellen, der bei der Auswahl des Gegenstands noch nicht thematisiert worden ist: Was hat dieser Gegenstand mit dem Thema „Stress“ (oder „Lernen“ oder „XY“) zu tun? Gerade dadurch, dass vorher das

Thema bei der Auswahl nicht genannt wurde, können interessante Assoziationen entstehen. Wenn die Aufgabe vorher klar gewesen wäre, hätte jeder das für ihn nahe liegende ausgewählt.

Varianten

Lassen Sie die Teilnehmer raten, wer welchen Gegenstand mitgebracht hat. Wenn Sie Ihre Krimskramskisten entsorgen wollen, können Sie die ausgewählten Gegenstände auch verschenken, natürlich nur, wenn sie einen positiven Symbolgehalt bekommen haben.

Ihre Trainer-Aufgabe

- *Überlegen Sie, welche Fragestellung Sie den Teilnehmern vor oder nach der Auswahl der Gegenstände geben wollen.*
- *Sammeln Sie Krimskrams.*

1.3 Erwartungen an das Seminar

Dieser Punkt fällt mir immer wieder schwer. Ich pflege meine Seminare sehr akribisch zu planen, und mir kam es dann oft etwas wie Augenwischerei vor, wenn ich die Erwartungen der Teilnehmer an das Seminar abfragte, weil es ja keineswegs ganz offen war, was in diesen Tagen passieren sollte. Dennoch habe ich Gründe, diesen Teil immer wieder (aber nicht immer) anzubieten.

Information für den Trainer

Wichtig ist es für mich als Trainerin, zu erfahren, mit welchen Erwartungen die Teilnehmer kommen und ob sie überhaupt konkrete Vorstellungen haben. Bei der Erläuterung des Seminarplans kann ich dann darauf eingehen, indem ich das Geplante mit den Vorstellungen vergleiche und zeige, was in den Rahmen passt und welche Erwartungen vielleicht nicht erfüllt werden können. Denn manchmal sind die Vorstellungen unrealistisch (dass z. B. die Teilnehmer am liebsten alles an einem Tag erfahren) oder gar am Thema vorbei. Dann erscheint es mir sinnvoller, das gleich zu Beginn mit den Teilnehmern zu klären. Natürlich gibt es auch die Möglichkeit, auf überraschende Wünsche einzugehen, etwas an der Seminarplanung zu verändern, wenn deutlich wird, dass viele Teilnehmer das gleiche Interesse an einem bestimmten Thema haben.

Ein weiterer Grund, der für mich mit der Zeit immer mehr in den Vordergrund rückte, sind die Teilnehmer selber. Durch eine solche Übung zu den Erwartungen müssen sie selber reflektieren, was sie eigentlich von dem Seminar erwarten und was sie lernen und mitnehmen wollen. Solch eine Fokussierung ist sehr wichtig für die Effizienz ihrer Teilnahme. Wenn sie keine genauen Erwartungen haben und die Haltung innehaben: „Mal sehen, was der /die mir hier bietet“, wird unterm Strich wahrscheinlich nicht viel herauskommen. Denn: Wenn die Aufmerksamkeit auf bestimmte Fragestellungen geschärft ist, kann ich mehr mitnehmen. Durch den Austausch mit anderen Teilnehmern können auch noch neue Interessen aktiviert oder Ideen geschaffen werden.

Je nachdem, worauf es Ihnen persönlich mehr ankommt: zu erfahren, ob die Erwartungen Ihrer Teilnehmer realistisch sind und mit der Seminarplanung übereinstimmen, oder ob es Ihnen mehr darum geht, dass sich die Teilnehmer bewusster auf das Seminar einstellen, werden Sie dahingehend die entsprechende Methode auswählen. Ein weiteres Ziel kann sein, die Teilnehmer in einen Austausch miteinander zu bringen, also das Kennenlernen und die Gruppe zusammenzuführen.

11 Fantasiereise

Zur Methode

Es geht vor allem um die Eigenreflexion der Teilnehmer, darum, dass sie sich bewusst auf das Seminar einstellen und für sich selbst vorab klären, was sie am Ende mitnehmen wollen. Denn: Nur wenn ich ein Ziel habe und es klar formuliere, kann ich es erreichen. Wenn Sie noch wenig Erfahrungen mit der Anleitung von Fantasiereisen oder Entspannungsübungen haben, lesen Sie bitte auch die entsprechenden Hinweise unter „Centering“ nach.

Verlauf

Die Teilnehmer können die Fantasiereise im Sitzen oder Liegen erleben. Liegen ist sehr viel entspannender und eröffnet somit leichter den Zugang zu unbewussten Bereichen, die ja durch Fantasiereisen mit einbezogen werden sollen.

Wenn Decken oder Liegen vorhanden sind, bieten Sie den Teilnehmern die Möglichkeit an, sich hinzulegen, und geben Sie entsprechende Anleitung, wie sie am entspanntesten liegen: in der Rückenlage, die Beine nicht übereinander geschlagen, sondern leicht geöffnet, während die Fußspitzen locker nach außen fallen, die Arme in einem kleinen Abstand vom Körper auf den Boden liegend. Das Kinn sollte kurz angezogen werden, damit der Nacken gedehnt wird. Wer Probleme mit dem Rücken hat, kann einen Stuhl quer vor das Gesäß stellen und die Unterschenkel so darauf ablegen, dass die Beine im rechten Winkel aufliegen. Dann tragen Sie die Fantasiereise vor.

Text: Fantasiereise

Mach es dir für einen Augenblick ganz bequem ... spüre, wie der Körper auf dem Boden liegt ... und wie du ... immer mehr loslassen kannst ... Das gesamte Körpergewicht ... an den Boden abgeben kannst ..., dich tragen lassen kannst ... und mit jedem Ausatmen ... kannst du ... noch mehr ... loslassen ..., dich tragen lassen ...

Spüre den Kontakt der Füße zum Boden ... die Unterschenkel am Boden ... die Oberschenkel ... nimm wahr, wie beide Beine den Boden berühren .... spüre nun den Kontakt zwischen Gesäß und Boden ... / den Rücken am Boden ... nimm wahr, wie die Hände am Boden liegen ... die Unterarme ... die Oberarme ... die Schultern den Boden berühren ... nimm wahr, wie beide Arme auf dem Boden liegen ... den Hinterkopf am Boden spüren ...

Geh nun mit deiner Aufmerksamkeit zum Scheitel des Kopfes ... zur Stirn ... die Stirn wird ganz glatt ... die Augenbrauen ... die Augenlider ... Augäpfel ... Nasenwurzel ... Nasenflügel ... Nasenspitze ..., die Wangen ... ganz loslassen ..., den Kiefer ... lösen ..., die Lippen ... das Kinn ... den Hals. ... die Brust. ... und den Unterleib ...

Nimm für einen Augenblick deinen Atem wahr ..., die Einatmung ... und die Ausatmung ..., spüre, wo du die Atembewegung im Körper wahrnehmen kannst ... und du kannst dir erlauben, deine Gedanken fließen zu lassen ... und Bilder und Worte auftauchen zu lassen ... ohne dass du bewusst etwas dazu tun musst ...

Und du erinnerst dich daran, dass du hier in dem Seminar zum Thema xy ... bist ... und auch ... was dazu geführt hat ... dass du dich zu diesem Seminar angemeldet hast ..., welche Gedanken und Erwartungen du hattest, als du das Thema ausgewählt hast ... Vielleicht dachtest du eine Zeit lang gar nicht mehr darüber nach ... vielleicht sind dir aber auch hin und wieder Gedanken, Wünsche oder Erwartungen durch den Kopf gegangen ... Es ist interessant, wie sich das alles in deinem Unbewussten eingerichtet hat ... Vielleicht hast du auch mal mit jemandem darüber gesprochen ... mit Kollegen ... oder Freunden ... Und alle Gedanken über das, was du hier lernen und erfahren kannst und möchtest, haben dich näher an das Thema herangeführt.

Dann rückte der Termin näher ..., du hast dich auf das Seminar vorbereitet ... erledigt, was bei der Arbeit noch zu erledigen war ... und auch privat ... und vielleicht erinnerst du dich daran, mit welchen Gefühlen du an das Seminar gedacht hast und wie du dich darauf eingestellt hast ... Schließlich hast du dich auf den Weg hierher gemacht ... und du erinnerst dich ... vielleicht ... mit welchen Empfindungen und Erwartungen du hier hin gekommen bist ... vielleicht auch mit Befürchtungen? ... Und schließlich bist du hier angekommen ... erste Eindrücke von der neuen Umgebung und den Menschen, mit denen du die nächsten Tage zu tun haben wirst ...
Ich weiß nicht, woran du erkennst, dass dieses Seminar für dich ein gutes und effektives Seminar ist. Während du darüber nachdenkst, erfährst du mehr über deine Wünsche und Erwartungen ... Denke an das Thema ... an die Methoden ... an die Gruppe ... und an den Trainer /die Trainerin ... Was ist dir sonst noch wichtig? ...
Welche Zweifel gibt es vielleicht auch ... welche Befürchtungen? ... Was möchtest du auf keinen Fall? ... Dann stell dir vor, es ist Seminarende: Wie möchtest du nach Hause fahren?
Vielleicht kannst du dir vorstellen, wie es sich anfühlt, wenn es genau so geschehen ist, wie du es dir jetzt wünschst? Wenn du all das mitnehmen kannst, was du für deine weitere Arbeit benötigst?
Und du fragst dich, was du selbst dazu beitragen kannst, damit es genau so geschieht ...
Dann komm langsam wieder hierhin zurück ... in diesen Raum ... spür deinen Körper auf dem Boden liegen ... erinnere dich, wo im Raum du gerade bist ..., nimm einen tieferen Atemzug ... lass kleine Bewegungen aufkommen ... und du kannst dich strecken und räkeln ... und all die Bewegungen zulassen, die dir helfen, wieder ganz wach zu werden ... Öffne dann die Augen und sei wieder hier ... ganz wach und entspannt.

Mögliche Weiterarbeit

Sie können die Teilnehmer bitten, sich kurz Notizen zu machen, welche Erwartungen sie an das Seminar haben. Sie können auch ein Raster als Hilfe anbieten, Satzanfänge oder Fragen, wie Sie sie in den weiteren Methodenbeispielen finden. Dieses schriftliche Fixieren verstärkt den klaren Fokus und kann am Ende des Seminars bei der Rückschau und Auswertung mit hinzugezogen werden. Die Teilnehmer tun sich zu zweit oder dritt zusammen und tauschen sich kurz zum Thema aus. Auch hier können Sie konkrete Fragepunkte als Anregung mitgeben. Im Plenum hat jeder die Gelegenheit, seine Erwartungen kurz zu formulieren. Hier ist es wichtig, eine bestimmte Begrenzung vorzugeben: die drei wichtigsten Erwartungen oder drei Sätze, keine Wiederholungen o. Ä. (Diese Variante scheint mir für die Teilnehmer weniger effektiv, sie ist vor allem von Interesse für den Trainer, damit er auch etwas mitbekommt).

Ergänzende Bemerkung

Visuelle Lerntypen

Hier kommen wieder die Lerntypen ins Spiel. Manche Menschen mögen es nicht, nach einer Fantasiereise sofort zu reden, sondern wollen erst einmal still für sich alleine das schreiben oder malen, was sie erlebt haben und was ihnen klar geworden ist. Ihnen gehen Ideen und Stimmungen verloren, wenn sie sofort reden sollen, vor allem im Plenum. Dazu können Sie im Hintergrund leise weiter die Musik laufen lassen, die Sie bei der Fantasiereise eingesetzt haben. Das hilft, die Bilder und Stimmungen zu erinnern.

Auditive Lerntypen

Die eher auditiven Menschen können Erlebtes und Gelerntes erst richtig verarbeiten, wenn sie es auch in Worte fassen. Für sie ist der Austausch mit einem Partner ausgesprochen hilfreich und anregend. Eine Lösung wäre in diesem Fall, dass Sie die beiden Alternativen anbieten und sich jeder diejenige aussucht, die gerade am besten passt. Wobei die „Sprechenden" leise murmeln sollten oder sogar in einen Nebenraum gehen, um die „Stummen" nicht zu stören.

Ihre Trainer-Aufgabe

Überlegen Sie, in welchem Seminar Sie mit einer Fantasiereise die Erwartungen der Teilnehmer klären wollen. Legen Sie einen konkreten Termin fest. Planen Sie dann weiterhin,

- *ob Sie die vorliegende Fantasiereise übernehmen wollen*
- *ob Sie einiges daran verändern wollen – und tun Sie es dann gleich*
- *ob Sie eine ganz eigene schreiben wollen (legen Sie einen Termin hierfür fest)*
- *ob Sie in der Literatur nach anderen Beispielen suchen wollen (Termin festlegen; Literaturübersicht).*

Je nach Ihrer Vorerfahrung fühlen Sie sich vielleicht sicherer, wenn Sie die Anleitung vorher üben. Lesen Sie dazu meine Tipps unter „Centering" nach.

12 Karten in vier Farben

Zur Methode

Sie können ganz bestimmte Aspekte abfragen, die Sie interessieren oder von denen Sie meinen, dass sie für die Teilnehmer wichtig sind. Alle bekommen einen detaillierten Überblick über die Bedürfnisse und Themen der Gruppe. Darauf aufbauend kann die Planung gemeinsam besprochen werden. Wenn die Karten hängen bleiben, können sie am Ende des Seminars bei der Auswertung hinzugezogen werden.

Detaillierter Überblick

Verlauf

In der Mitte liegen verschiedenfarbige Moderationskarten sowie dicke Filzstifte. Die Zuordnung der Farben wird vorher erklärt und hängt am besten sichtbar an einer Pinnwand.

Beispiel

rot: Themen/ Inhalt/Methoden,
gelb: Leitung,
grün: Gruppe
blau: ich persönlich

Die Teilnehmer schreiben:

- auf die *roten Karten:* Was erwarte ich vom Inhalt des Seminars, welche Themen? Was will ich in Bezug auf das Thema lernen oder erreichen? (Je nach Seminarthema auch: Was erwarte ich hinsichtlich der Methoden?)

- Auf die *gelben Karten*: Welche Erwartungen habe ich an die Leitung?
- Auf die *grünen Karten*: Was erwarte oder wünsche ich von der Gruppe?
- Auf die *blauen Karten*: Was wünsche ich mir für mich persönlich?

Während die Teilnehmer die Karten ausfüllen, können Sie leise Musik im Hintergrund laufen lassen und die Teilnehmer bitten, sich während der Zeit still zu verhalten.

Weiterarbeit 1. Variante

Sie lassen die Teilnehmer einzeln nach vorne an die Pinnwand kommen, die Karten farblich zugeordnet anheften und erläutern. Anschließend können die Karten noch geordnet und geclustert werden. (siehe auch: Kartenfrage) Dauer: ca. 30 – 40 Min.

2. Variante

Sie lassen die Karten farblich zugeordnet auf den Boden legen, alle Teilnehmer gehen herum und schauen sich die Karten an. Anschließend kann nachgefragt und erläutert werden. Dauer: ca. 20 – 30 Min.

3. Variante (von Dorothea Driever-Fehl)

A

Die Teilnehmer nehmen ihre Karten, die sie zu „Ich“ ausgefüllt haben, und gehen im Raum herum, während Musik läuft. Immer dann, wenn die Musik stoppt, tauschen sie sich mit einem anderen Teilnehmer kurz darüber aus. Das kann einige Male wiederholt werden.

B

Zum Thema „Gruppe“ wird ähnlich verfahren, nur dass sich diesmal jeweils drei Teilnehmer zusammentun, wenn die Musik stoppt, und sich dann austauschen.

C

Die Karten zu „Thema/Inhalt/Methode“ werden auf dem Boden oder an einer Pinnwand geordnet, so dass Cluster entstehen. Diese werden in kleinen Gruppen besprochen.

D

Die Karten zum Thema „Leitung“ werden auf den Boden gelegt oder an die Pinnwand gehängt. Dauer: ca. 40 Min.

Ihre Trainer-Aufgabe

Wenn Sie ein Seminar ausgesucht haben, in dem Sie diese Methode einsetzen wollen, suchen Sie eine der Varianten aus. Überlegen Sie vor allem, welches Ziel Ihnen am wichtigsten ist. Wollen Sie als Trainer einen Einblick in die Wünsche Ihrer Teilnehmer bekommen oder geht es mehr darum, dass die Teilnehmer sich selbst darüber bewusst werden und sich mit anderen austauschen? Planen Sie dann die benötigte Zeit ein. Ich habe ungefähre Zeitangaben zu den einzelnen Varianten geschrieben, aber das hängt natürlich auch von der Gruppengröße und von der Redefreudigkeit der Teilnehmer ab.

13 Kartenfrage

Zur Methode

Diese bekannte Moderations-Methode kann an vielen Stellen eines Seminars eingesetzt werden. Ich stelle sie hier am Beispiel „Seminarerwartungen“ vor (nach einer Idee von Silvia Worbe und Ulrich Falck). Im Gegensatz zur vorherigen Methode wird hier anonym abgefragt. Das kann Vor- und Nachteile haben, die sollten Sie vorher abwägen. Es kommt vor allem auf Ihre Zielsetzung an, aber auch vielleicht auf die Gruppen- und Trainingssituation. Die anonyme Abfrage erlaubt vielleicht mehr Offenheit (obwohl ich bei der vorherigen Variante eigentlich selten den Eindruck hatte, dass jemand ein Blatt vor den Mund nahm, sondern mir verschlug es eher hin und wieder die Sprache), die offene Variante erlaubt Nachfragen und konkrete Klärungen.

Verlauf

Wünsche und Befürchtungen

Sie haben zwei Pinnwände mit Packpapier vorbereitet. Auf der einen steht oben links in der Ecke auf einer Wolke der Satzanfang: „Dies wird ein tolles Seminar, wenn … “, auf der anderen steht: „Dies wird ein blödes Seminar, wenn … “. Für die erste Frage bekommt jeder Teilnehmer drei gelbe Karten, für die zweite drei blaue Karten. Jeder füllt seine Karten aus, gut leserlich, mit halben Sätzen, die auch ohne Erklärung eine verständliche Aussage darstellen. Diese werden dann verdeckt eingesammelt und gemischt. Nach und nach halten Sie die Karten so vor die Gruppe, dass alle sie lesen können, dann lesen Sie sie vor und pinnen sie an. Dabei überlegt die Gruppe mit, wie die Karten geordnet werden, so dass Cluster entstehen. Wenn alle Karten hängen, lesen Sie noch einmal alle vor (und zeigen dabei jeweils mit der Hand darauf) und klären mit der Gruppe ab, ob alle Karten richtig hängen. Anschließend werden zu den einzelnen Clustern Oberbegriffe gesucht, auf weiße Ovale geschrieben und darüber geklebt. Mit einem schwarzen Filzstift rahmen Sie dann die Cluster ein.

Weiterarbeit Sie können nun noch eine „Gewichtungs-Frage“ anschließen wie folgt. Bei der gelben Pinnwand: „Was ist für mich das Wichtigste?“, bei der blauen Pinnwand: „Was ist für mich das Schlimmste?“ Jeder bekommt für jede Frage 2 Klebepunkte, die er nun vier Karten zuordnet. Wenn das Ergebnis deutlich ist, können Sie abschließend noch die Frage stellen: „Was seht ihr daraus?“

Fortsetzung am Seminarende Bei der Seminarauswertung werden diese Karten wieder aufgegriffen, siehe Nr. 89.

Ihre Trainer-Aufgabe *Wenn Sie noch keine Erfahrung mit Moderationstechniken haben, sollten Sie die Methode sorgfältig vorbereiten und sich die einzelnen Schritte genau notieren. Ich weiß aus eigener Erfahrung, dass es sehr simpel wirkt, mir aber doch Kleinigkeiten durch die Lappen gehen können, wenn ich noch keine Routine damit habe. Sie beschriften vorher die Wolken mit den Satzanfängen und die Ovale mit den Gewichtungsfragen in schöner, lesbarer Moderationsschrift. Dazu sollten auch die Arbeitsanweisungen für die Teilnehmer auf Ovale geschrieben sein: pro Gedanke eine Karte/leserlich schreiben/2 Karten von jeder Farbe ausfüllen.*

14 Postkarten

Zur Methode

Bilder sprechen eine andere Sprache als Worte. Bilder sprechen eher das Unterbewusstsein an, daher kann ich über Bilder einen anderen Zugang zu meinen Gedanken und Gefühlen bekommen, als wenn ich bewusst darüber reflektiere oder spreche.

Bilder ermöglichen Zugang zum Unbewussten

Außerdem ist es einmal eine etwas andere Form in einem Rahmen, in dem ansonsten die meisten Informationen über Sprache laufen. Somit ist dies auch eine methodische Abwechslung. Es lässt dem Einzelnen viel Spielraum, was und wie viel er über sich, in diesem Fall über seine Seminarerwartungen, sagen möchte.

Verlauf

In der Mitte liegen viele Postkarten auf dem Boden, es sollten erheblich mehr sein als Teilnehmer anwesend sind. Sie fordern die Teilnehmer auf, sich zwei Karten auszusuchen: eine Karte, die ausdrückt, was sie sich in dem Seminar wünschen und eine, die ausdrückt, was sie nicht möchten.

Varianten der Weiterarbeit

A

Erwartungen mit der Planung vergleichen

Nacheinander kommen die Teilnehmer nach vorne und heften ihre Karten an eine Pinnwand, dazu geben sie Erläuterungen über ihre Wünsche und Bedürfnisse ab. Die Karten werden in Spalten untereinander gehängt, links „Ich möchte …“, rechts „Ich möchte nicht …“. Anschließend kann der Trainer in Verbindung mit der Vorstellung der Seminarplanung darauf eingehen, welche der Bedürfnisse erfüllt werden können, welche Befürchtungen vielleicht unbegründet sind, was nicht möglich ist.

B

Austausch der Teilnehmer

Nach dem Auswählen der Karten bilden alle Teilnehmer einen Innenkreis und einen Außenkreis, so dass sich immer zwei gegenüberstehen. (A und B). A zeigt B seine Karten. Zuerst sagt B, was er in den Karten sieht und wie er diese interpretiert. Dann äußert A sich dazu, warum er diese Karten gewählt hat und in welchem Zusammenhang sie mit seinen Wünschen oder Befürchtungen stehen. Dann wechseln A und B die Rollen.

Für diese beiden Runden sollte vorher ein fester Zeitrahmen angegeben werden. Geben Sie jedes Mal ein Signal, wenn die Partner tauschen sollen.

Nach dem nächsten Signal rückt der Außenkreis 2 Teilnehmer weiter, so dass jeder einen neuen Partner hat. Dabei kann man vielleicht feststellen, wie unterschiedlich die Assoziationen zu den Karten sind.

Ein Nachteil bei Variante B ist, dass der Trainer nicht mitbekommt, was die einzelnen Teilnehmer erwarten. Menschen, die Probleme damit haben, gleich zu Anfang eines Seminars vorne vor der ganzen Gruppe zu stehen, empfinden diese Variante als angenehmer. Die Teilnehmer kommen miteinander in Kontakt, es entsteht ein ziemlich lautes Gemurmel, was die Atmosphäre etwas auflockert.

Verbindung zum Seminarende

Bei der Auswertung am Ende des Seminars können Sie wieder auf die Karten Bezug nehmen (siehe Nr. 94). Daher sollten Sie diese hängen lassen oder auf Packpapier aufkleben, damit Sie sie dann wieder aufhängen können. (Nur wird es dann schwieriger, die Karten anschließend wieder abzulösen, ohne sie zu beschädigen.)

Ihre Trainer-Aufgabe

Diese Methode erfordert von Ihnen nicht viel Vorbereitung. Sie müssen lediglich überlegen, ob Sie sie einsetzen wollen, und wenn ja, welche der beiden Varianten. Zudem brauchen Sie natürlich - eine Sammlung von Postkarten. Wenn Sie nicht seit Jahren Ihre Post sammeln, können Sie verschiedene Motiv- und Kunstpostkarten kaufen. Wenn Sie anfangen zu sammeln, egal, ob Ihnen die Karten gefallen oder nicht, werden Sie sich vielleicht wundern, wie schnell Sie doch ein Sortiment zusammen haben.

Wichtig ist, dass es eine möglichst große Bandbreite an Motiven gibt, da die Geschmäcker bekanntlich sehr verschieden sind und auch die Assoziationen voneinander abweichen – zudem sollen positive und auch negative Empfindungen ausgedrückt werden.

15 Vier Satzanfänge

Verlauf

Auf einem Flipchart stehen drei oder vier Satzanfänge wie folgt:
1. Ich habe mich zu diesem Seminar angemeldet, weil ....
2. In diesem Seminar möchte ich ...
3. In diesem Seminar möchte ich nicht ...
4. Ich fahre zufrieden nach Hause, wenn ...

Diesen vier Sätzen sind vier Farben zugeordnet, dazu gibt es farblich passende Moderationskarten und dicke Filzstifte für die Teilnehmer. Die Teilnehmer füllen die Karten entsprechend aus und hängen diese anschließend an eine Pinnwand.

Variante

1. In diesem Seminar möchte ich ...
2. In diesem Seminar möchte ich nicht ...
3. Ich habe folgende Zweifel ...

Ergebnis-Beispiele

In diesem Seminar möchte ich:
- viel Gruppenarbeit lernen
- methodische Hinweise bekommen
- Erfahrungsaustausch pflegen
- praktische Methoden kennen lernen
- neue Lösungsansätze finden
- möglichst viel über Stressbewältigung erfahren
- Tipps gegen Prüfungsangst für Lehrlinge bekommen
- Abstand vom (Berufs-) Alltag halten
- mehr über Motivation erfahren
- etwas lernen, das ich wirklich umsetzen kann

Was ich vermeiden möchte:
- Stress
- die vergebliche Teilnahme an dem Seminar
- selbst geprüft werden
- nur den Erfahrungsaustausch pflegen

In Bezug auf das Seminar habe ich folgende Zweifel:
- ob alle Vorhaben erfüllt werden
- ob Stress vermieden werden kann

- dass es einheitliche Seminar-Methoden gibt
- ob die Methoden für mich geeignet sind
- ich habe keine Zweifel

Ihre Trainer-Aufgabe *Sie können sich natürlich andere Satzanfänge überlegen, ansonsten braucht diese Methode keine Vorbereitung.*

16 Innenkreis-Außenkreis

Zur Methode *Sie haben die Grundform dieser Methode schon als Variante von Nr. 14 (Postkarten) kennen gelernt. Es ist eine sehr lebhafte Methode, bei der immer die Hälfte der Teilnehmer gleichzeitig spricht, das heißt der Lärmpegel ist relativ hoch. Die Teilnehmer kommen mit etlichen anderen zu einem Zweiergespräch, das allerdings zeitlich sehr begrenzt ist. Sie hören einige Beispiele, mit welchen Erwartungen und Befürchtungen andere Teilnehmer hier sind.*

Der Informationswert dieser Übung (vor allem für die Trainer) ist vielleicht nicht sehr hoch, aber sie lockert die Gruppe auf und gibt schon einmal erste Einblicke. Je nach Weiterführung der Übung können auch im Plenum die wichtigsten Punkte gesammelt werden.

Verlauf Die Teilnehmer bilden zwei Stuhlkreise, einen Innen- und einen Außenkreis, so dass sich immer zwei Teilnehmer gegenübersitzen. Sie geben einen Satzanfang in die Runde, über den sich die Paare in einer vorgegebenen Zeit austauschen sollen (Dauer: ca. 2 – 3 Minuten). Nach der vereinbarten Zeit klingeln Sie mit einer Glocke (ich persönlich setze Zimbeln ein, da sie auch den größten Lärm durchdringen und meine Stimmbänder schonen) und der Außenkreis rutscht einen Stuhl weiter nach rechts, so dass sich neue Paare gegenübersitzen. Dann geben Sie den nächsten Satzanfang in die Runde. Die Satzanfänge können die gleichen sein wie bei der vorherigen Übung.

Weiterarbeit Wenn Sie auch als Trainer Informationen über den Austausch haben möchten oder wollen, dass die Gruppe einen Punkt vertieft, können Sie einiges im Plenum zusammentragen. Damit es nicht einfach eine Wiederholung dessen ist, was die Teilnehmer vorher schon besprochen haben, können Sie beispielsweise zwei Fragen herauspicken.

Nehmen Sie zum Beispiel die beiden Fragestellungen: „In diesem Seminar möchte ich ..." und „In diesem Seminar möchte ich nicht ... ". Bitten Sie die Teilnehmer, das zu den Punkten zu wiederholen, was ihnen von ihren Gesprächspartnern noch in Erinnerung ist. Natürlich dürfen sie auch die eigenen Dinge nennen, aber der Schwerpunkt sollte auf dem liegen, was sie noch von den anderen erinnern. Sie können die Antworten auf einem Flipchart sammeln, zum Beispiel in Mindmap-Form.

17 Gruppen-Mindmaps

Zur Methode

Hier werden die gleichen Inhalte wie bei den anderen Methoden behandelt, aber von der Form her unterscheidet sich die Methode in mehrfacher Hinsicht. Die Teilnehmer lernen schon einmal die Form des Mindmaps kennen, ohne dass Sie die Methode groß erläutern müssen. Außerdem arbeiten sie in kleinen Gruppen zusammen und tauschen sich dort schon über einige Punkte aus. Gleichzeitig kann aber auch die ganze Gruppe an den Ergebnissen teilhaben.

Verlauf

Sie haben vier Flipcharts vorbereitet, auf denen in der Mitte vier unterschiedliche Satzanfänge stehen.

Zum Beispiel

„Ich habe mich zu dem Seminar angemeldet, weil ... "
„Ich möchte hier ... "
„Ich möchte hier nicht ... "
„Ich habe folgende Zweifel ... "

Sie sehen, dass die Sätze die gleichen oder ähnlich sind wie bei den anderen Methoden. Sie können natürlich ganz andere Sätze nehmen.

Die Gesamtgruppe wird in vier kleine Gruppen aufgeteilt (das können Sie mit einem Gruppenaufteilungsspiel gestalten, s. Kapitel 3.1), die sich um vier verschiedene Tische setzen. Jede Gruppe bekommt einen Filzstift, wobei die Farben unterschiedlich sind. Während der gesamten Übung bleibt dieser Stift in der Gruppe. Auch ein Flipchart wird für jede Gruppe ausgeteilt, darauf werden die Antworten in Mindmap-Form aufgeschrieben, aber so, dass noch Platz für die anderen Gruppen bleibt. Sagen Sie den Teilnehmern, dass sie das Blatt beim Schreiben nicht drehen sollen, sondern dass sie möglichst so schreiben, dass die Schrift gut lesbar ist, da die Flips anschließend aufgehängt werden und für alle verständlich sein sollten. Nach ca. 5 – 7 Minuten geben Sie ein Signal, nach dem die Flipcharts in eine Richtung weitergegeben werden. Die Gruppen ergänzen nun das vorliegende Flip, können sich auch an schon vorhandene Wolken oder Zweige hängen, wenn sie dazu einen Unterpunkt haben. Nach einem weiteren Signal wandern die Flips weiter, bis die Gruppen alle Flips beschriftet haben.

Weiterarbeit

Die Flipcharts werden gut sichtbar an Pinnwände oder an die Seminarraumwand gehängt. Sie können den Teilnehmern entweder Zeit geben, sich die Flips anzuschauen, oder sich gemeinsam davor setzen und durchsprechen. Außerdem können Sie auffordern, Fragen zu Punkten zu stellen, die unklar sind, und dann auch nur über diese sprechen. Das wird von Ihrer Zeitplanung abhängen und auch davon, wie ergiebig die Antworten der Teilnehmer sind.

Sie können die Teilnehmer auch Punkte aufkleben oder Symbole zeichnen lassen. Roter Punkt oder Mund bedeutet zum Beispiel: „Hierüber möchte ich noch sprechen“, grün oder Fragezeichen: „Hierzu habe ich eine Frage“.

Ihre Trainer-Aufgabe

Denken Sie sich vier Satzanfänge aus und schreiben Sie diese in die Mitte von vier Flipcharts. Fertig!

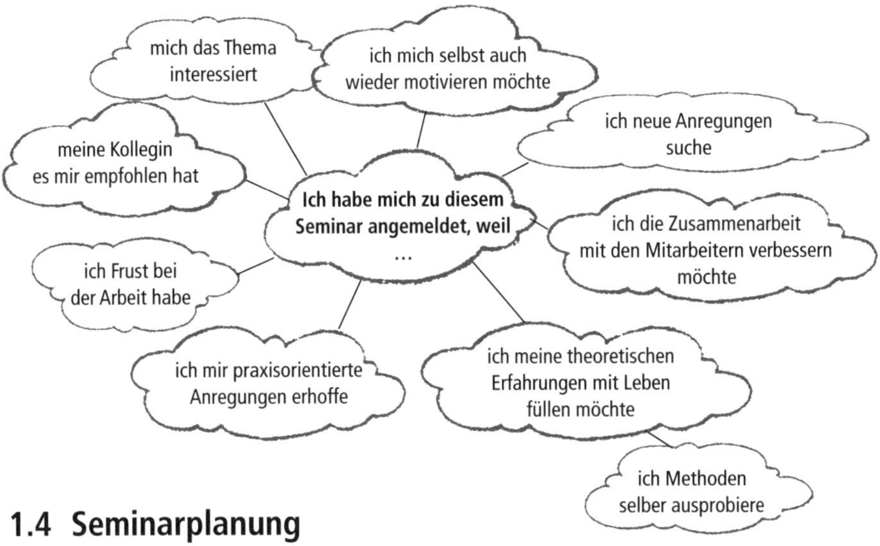

1.4 Seminarplanung

Sie werden Ihren Teilnehmern sicher zu Beginn des Seminars mitteilen, was sie während des Tages oder der folgenden Tage erwartet, um auch abzuklären, ob das ihren Erwartungen entspricht. Aber auch wenn Sie den Punkt Erwartungen nicht behandeln, weil ein festes Programm durchgearbeitet werden soll, ist es wichtig, den Teilnehmern einen Überblick zu geben über das, was kommt. Bestimmte Lerntypen brauchen erst einmal einen Blick auf den Gesamtzusammenhang, ehe sie sich mit Details befassen können. Diese müssen sie einordnen können und den Sinn des Ganzen erkennen, sonst sind sie in ihrer Lernbereitschaft und -fähigkeit behindert.

Bei manchen Veranstaltungen werden sogar die Planungen mit anderen Teilnehmer-Unterlagen vorher zugeschickt oder zu Seminarbeginn verteilt. Ich persönlich wähle aber zusätzlich immer noch eine Form, die sichtbar im Seminarraum hängt und auch zwischendurch immer wieder als Orientierungshilfe dienen kann: „Hier sind wir jetzt, und das steht noch an". Diese Übersicht über die Seminarplanung ist in einer ansprechenden Form visualisiert, die neugierig macht oder anregt. Im Folgenden stelle ich Ihnen einige Varianten vor, die ich im Laufe meiner Praxis eingesetzt habe.

18 Mindmaps

Wenn Sie nicht viel Zeit für die Gestaltung der Seminarplanung verwenden können oder wollen, ist diese Variante gut geeignet, die Sie kreativ ausgestalten können.

Sie schreiben pro Tag mit Filzstiften ein Mindmap auf einen Flipchart-Bogen. Sie können verschiedenfarbige Stifte nehmen oder auch nur einen schwarzen. Dazu können Sie kleine Symbole oder Bildchen malen (was auch Nicht-Künstler können).

Tipp

Einen ganz besonderen Effekt erzielen Sie dann, wenn Sie die Schrift bunt unterlegen, z. B. mit Stockmar-Wachskreiden (das sind rechteckige Würfel). Das geht in Windeseile und verwandelt ein schlichtes Flipchart in ein wunderschönes Kunstwerk. Ich war hoch beglückt, als ich diesen Tipp von einem Kollegen bekam.

Jedes Tages-Mindmap stelle ich zu Beginn eines Seminartages noch einmal kurz vor, dann wird es zur Orientierung an die Wand gehängt. Wenn wir einzelne Punkte verändern, umstellen, streichen oder ergänzen, so wird das jeweils auf dem Flipchart notiert.

Ebenso die kleinen Energieaufbauübungen und Spiele zwischendurch, die ich meist nicht vorher plane, sondern aus der Situation heraus entscheide, was gerade passend ist. Diese schreibe ich dann anschließend in den Plan, da viele Teilnehmer das Interesse haben, eine vollständige Übersicht zu haben und sich diese zu notieren, wenn sie auch an den Methoden interessiert sind (z. B. bei Seminaren für Trainer). Diese Übersicht kann dann auch bei einem Tagesrückblick oder einer Zwischenauswertung hinzugezogen werden. (Bsp.: Mentale Integration, Gegenstände legen, etc.).

19 Karawane, Fluss oder Weg

Zur Methode

Dies ist eine Variante, um einen Gesamtüberblick über das Seminar und seine Hauptthemen zu geben. Sie ist nicht so detailliert wie ein Tages-Mindmap, dafür aber kreativer und kann gleichzeitig als Wandschmuck oder Randstimulus dienen.

Je nach Talent und Ambitionen können Sie entweder eine Landschaft auf ein großes Plakat malen (auch das muss kein Kunstwerk sein und ist relativ schnell, zum Beispiel mit Jaxon Malkreiden, angedeutet) oder ein fertiges Landschaftsbild oder -plakat nehmen (das aber als Hintergrund eventuell zu dominant ist). Darauf kleben Sie dann die einzelnen Seminarstationen.

Sie können den Stationen auch farbliche Bedeutungen geben beziehungsweise unterschiedlichen Themen oder Ebenen verschiedene Farben zuordnen. Grüne Wegweiser (oder Fische oder Kamele) stehen zum Beispiel für Übungen, rote für inhaltliche Themen, blaue für AG-Arbeit usw.

Beispiele

1. Beispiel: Karawane

Ich bin Wüstenfan und gehe jedes Jahr einmal mit einer Karawane in die Sahara. Daher habe ich eine Wüstenlandschaft gemalt. Dann in akribischer Kleinarbeit unzählige Pappkamele in unterschiedlichen Farben ausgeschnitten. Auf der Wüstenlandschaft ist an verschiedenen Stellen unsichtbar Tesafilm aufgeklebt, noch sinnvoller wäre es, das ganze Plakat zu laminieren. Auf die Rückseite der Kamele klebe ich Tesakrepp- Röllchen, womit ich sie dann auf das Tesafilm klebe (und so ohne Beschädigung auch wieder ablösen kann).

Während ich nun nach und nach die Lasten auf die Kamele packe (mit Post-it Zetteln die verschiedenen Themenschwerpunkte des Seminars aufklebe), erläutere ich die Seminarplanung mit der Metapher einer gemeinsamen Karawane.

Seminar zum Thema „Kreative Problemlösungstechniken"

Seminarplanvorstellung als Geschichte

Text: *„Ich möchte dieses Seminar mit einer Karawane vergleichen. Solch eine Karawane diente meistens dazu, bestimmte Güter und Lasten zu transportieren. Es gab aber natürlich auch Expeditionskarawanen, die in unbekannte Gebiete vordringen und Neues entdecken wollten. Unsere Karawane ist so eine Mischung aus beidem. Wir wollen Neues entdecken und erleben, und wir wollen ein bestimmtes Ziel erreichen. Wir wollen auch etwas Handfestes mitnehmen, das wir zu Hause zeigen und brauchen können. Ihr seht, noch sind die Kamele nicht beladen, ich will ihnen jetzt das Gepäck aufbinden, das Werkzeug und das Material, das wir zur Erforschung brauchen, und euch eine erste Orientierung geben.*

Bei dieser Karawane wollen wir uns vor allem an den Sternen orientieren. Sterne stehen für besonders inspirierende Einfälle, funkelnde Ideen, schöpferische Anfälle, Fantasieträume, wagemutige Visionen, kreative Eingebungen und Ausdrücke, vor allem viel Freude, spielerische Leichtigkeit und Spaß. Ehe man solch eine gewagte Reise unternimmt, ist es natürlich wichtig, sich zuerst einmal kennen zu lernen und zu sehen, wer noch alles bei der Karawane dabei ist. (→ Kennenlern-Methode)

Es ist auch wichtig, sich abzustimmen, was man während der Karawane erleben möchte und ob man überhaupt ein gemeinsames Ziel ansteuert. (→ Seminar-Erwartungen). Dann muss auch eine gemeinsame Verständigung darüber stattfinden, welches Thema die Expedition hat. Wollen wir Höhlen erforschen und alte Zeichnungen aufspüren oder wollen wir Wüstentiere untersuchen? (→ Seminarplanung) Da so eine Karawane einiges an körperlicher und geistiger Beweglichkeit erfordert, ist es wichtig, zwischendurch immer wieder Übungen und Spiele durchzuführen, die Körper und Geist wach und fit machen. (→ Energieaufbauübungen; Körperübungen am Morgen).

Ja, und dann nähern wir uns den Schätzen, die wir ausgraben und untersuchen wollen. Es gibt sehr viele verschiedene Höhlen zu erforschen, mit sehr unterschiedlichen Werkzeugen und Methoden. Das ist nämlich auch noch ein weiterer Inhalt der Expedition: neue Methoden der Schatzhebung zu testen… Dann kann an-

schließend jeder die Werkzeuge kaufen, die er für seine weitere Arbeit am besten brauchen kann … (→hier werden die verschiedenen Post-it mit den Kreativ-Methoden aufgeklebt, z. B. Mindmap, Brainstorming for one, Walt Disney Strategie usw. sowie verschiedene Theorie-Spots).

Wenn dann die Karawane ihrem Ende zugeht, die Lebensmittelsäcke fast leer sind bzw. inzwischen voll mit den geborgenen Schätzen, dann setzen wir uns ein letztes Mal am Feuer zusammen und werten unsere Funde aus. (→ Seminarauswertung) Die endgültige Auswertung und Analyse der einzelnen Dinge können wir zwar erst zu Hause in den Labors vornehmen, aber so eine vorläufige Einschätzung und Beurteilung wird schon möglich sein. Als alter Archäologe weiß man einfach instinktiv oder gefühlsmäßig, ob man einen großen Fund gemacht hat und ob sich die Strapazen gelohnt haben oder nicht. Und da am letzten Feuer wird uns dann auch bewusst, dass wir Abschied nehmen müssen von dieser Gruppe, die uns durch dieses Abenteuer begleitet hat. Wir sind vielleicht dankbar, dass wir so interessanten Menschen begegnet sind, vielleicht beschließen wir auch, den Kontakt aufrechtzuerhalten, und schreiben unsere Adressen in den Sand … Und da wir die gemeinsame Zeit so genossen haben, wollen wir uns zum Abschied etwas schenken. Zur Belohung bekommen wir noch einen weisen Rat mit nach Hause … (→ Abschlussübung).“

2. Beispiel: Weg

Sie malen oder kleben eine Landschaft auf das Poster, durch die ein verschlungener Weg führt. Dieser Weg symbolisiert das Training oder Seminar, das Sie mit Ihren Teilnehmern durchlaufen wollen.
An dem Weg sind verschiedene Wegweiser aufgestellt, auf diese Wegweiser schreiben Sie die verschiedenen Seminarstationen oder -themen.

3. Beispiel: Fluss

Von meiner Wüstenlandschaft mit Karawane inspiriert entwickelten Seminarteilnehmer in einer AG eine Flusslandschaft. In den Fluss klebten sie verschiedene Fische, auf denen sie die Seminarthemen notierten.
Ergänzend kann man auch in die Landschaft neben den Fluss noch Hinweisschilder oder anderes kleben und beschriften.

Eine andere Gruppe fertigte sogar einen dreidimensionalen Seminarplan an: Sie malten ebenfalls einen Fluss auf ein Flipchart und klebten gefaltete Schiffchen darauf. In die Schiffchen wurden nun noch entsprechende Figuren oder Gegenstände aus Pappe gesteckt, auf denen der entsprechende Seminarschwerpunkt stand.

Ihre Trainer-Aufgabe

Die Herstellung eines solchen Seminarplans ist etwas aufwändiger. Sie lohnt sich nur, wenn Sie die Methode oft einsetzen können und wenn Ihnen solch kreatives Malen und „Basteln“ als Abwechslung zu Ihrer sonstigen anspruchsvollen Arbeit Spaß macht. Damit Sie ein solches Poster (ob Karawane oder Weg) für unterschiedliche Seminarthemen einsetzen können, lassen Sie die einzelnen Wegweiser, Kamele oder Fische unbeschriftet und kleben aktuelle Beschriftungen mit den Seminarthemen und -teilen auf. Diese schreiben Sie vorher entweder auf große Post-it-Zettel oder auf Karten, die Sie mit Tesakrepp-Röllchen befestigen. In diesem Fall kleben Sie Tesafilmstreifen an die entsprechende Stelle auf das Poster, dann können Sie die Tesakrepp-Röllchen und Karten wieder entfernen, ohne das Plakat zu beschädigen.

20 Wandzeitung mit Bildern

Zur Methode

Dieser Plan stellt einen Wochenüberblick dar, nach Tagen aufgeteilt. Dieser sollte schon zu Beginn des Seminars an der Wand hängen und auch die gesamte Woche über dort verbleiben. Die Seminarthemen sind in Stichworten notiert und durch Bilder ergänzt, die Sie aus Zeitungen ausschneiden können (oder natürlich auch selber zeichnen oder malen können, wenn Sie es wünschen).

Tipp: Nehmen Sie einzelne Blätter von Zeichenkartons, die Sie an zwei Stellen mit Tesafilm verbinden, so können Sie die einzelnen Teile leichter wieder auseinander schneiden und in veränderter Form in einem anderen Seminar wieder zusammen kleben.

21 Waren tauschen

Zur Methode

Diese Form der Seminarplanung ist dann sinnvoll, wenn Sie kein fertiges Konzept haben, sondern wenn es vom Thema oder Ihrem Anliegen her relativ offen ist und Sie es mit den Teilnehmern zumindest teilweise gemeinsam gestalten wollen. Sie stellen den Seminarplan als Marktplatz oder Basar dar, die einzelnen Schwerpunkte und Themen sind auf Post-it-Zettel geschrieben oder auf Karten, die auszuwechseln sind. Daneben liegen oder hängen noch andere „Waren“, das sind entweder Alternativ-Themen, die Sie zudem anbieten können, oder leere Karten, die von den Teilnehmern ausgefüllt werden.

Die ursprüngliche Planung wird von Ihnen vorgestellt, die Alternativen werden erläutert. Danach können die Teilnehmer entweder Austausch-Wünsche äußern oder leere Karten beschriften. Das kann in Einzelarbeit erfolgen, in Partnerarbeit oder in Arbeitsgruppen. Gemeinsam wird nun die neue Seminarplangestaltung vorgenommen.

Bemerkung

Diese Methode ist sicher nur zu empfehlen, wenn das Training einige Tage dauert (3 – 5), da der Entscheidungsprozess Zeit kostet und bei kürzeren Seminaren oft nicht so viel Entscheidungsspielraum bleibt, weil bestimmte Themen behandelt werden müssen.

Ihre Trainer-Aufgabe

Planen Sie ein grobes Konzept und schreiben Sie die einzelnen Schwerpunkte auf Karten oder große Post-it-Zettel.

22 Verklebte Planung

Zur Methode

Vom Prinzip her ist diese Variante ähnlich wie „Waren tauschen“ (Nr. 21), nur die Form ist einfacher. Sie haben die verschiedenen Seminarthemen auf Post-it-Zettel geschrieben und in einen Wochenplan geklebt. Die Zettel sollen schon auf die Veränderbarkeit hinweisen. Bei der Besprechung der Planung können Sie so die Zettel leicht hin und her kleben. Auch hier können Sie noch leere Post-its für Ergänzungen anbieten oder zumindest einen „Weißen

Fleck", zum Beispiel einen Nachmittag, der von vorneherein frei gehalten wird für spezielle Bedürfnisse der Teilnehmer. Diese können Sie jetzt schon klären oder sie entwickeln sich im Laufe des Seminars.

Varianten Gruppenarbeit

Sie können verschiedene Gruppen bilden (→ siehe Gruppenaufteilungs-Spiele), die Themen notieren, die sie im Seminar bearbeiten wollen. Eine Vorgabe kann sein, dass bei jedem Thema ein Gruppenkonsens hergestellt werden muss. Zusätzlich kann noch eine Begründung erarbeitet werden, warum dieses Thema wichtig für das Seminar ist. Das bewirkt schon einen Einstieg in das Seminarthema, ein gedankliches „Sich-Einstimmen und Auseinandersetzen". Außerdem erfährt man etwas über die Interessen und die Sichtweise anderer Teilnehmer. Anschließend werden die Ergebnisse der Gruppen aufgehängt und daraus ein gemeinsamer Seminarplan kreiert. Viel Spaß!

Ihre Trainer-Aufgabe

Schreiben Sie die Seminarthemen auf Post-its und malen Sie ein Raster für den Seminarplan auf eine Wandzeitung.

2 Themenerarbeitung

2.1 Einstieg in ein Thema

23 Fantasiereise

Zur Methode

Eine Fantasiereise als Einstieg in ein Thema kann unterschiedliche Zielsetzungen haben. Mit ihr können Inhalte vermittelt werden, die für die Teilnehmer als Einsteig in ein Thema wichtig sind. Oder es geht darum, dass die Teilnehmer ihre Erinnerungen und Gedanken zu einem Thema aktivieren, also ein geistiges Aufwärmen praktizieren und Assoziationen zum Thema auftauchen lassen. Im folgenden Beispiel geht es darum, dass sich die Teilnehmer auf das Thema einstellen und gezielte Fragestellungen entwickeln, an denen sie weiterarbeiten wollen.

Beispiel

Fantasiereise zur kreativen Ideenfindung und Problemlösung

Vorbemerkung

Einige Zeit vor Beginn des Seminars bekommen die Teilnehmer üblicherweise ein Anschreiben, in dem sie unter anderem dazu aufgefordert werden, Themen zu sammeln, an denen sie im Seminar arbeiten wollen. Erfahrungsgemäß ist es jedoch so, dass sich trotz solcher Briefe nicht alle Teilnehmer vorher Gedanken machen und Themen mitbringen. Daher gibt es vor der gemeinsamen Themensammlung dann folgende Fantasiereise als Hilfe, Themen zu finden und zu formulieren. Das hat bisher in allen Fällen funktioniert.

Text: Fantasiereise zur Themenfindung

Mach es dir einen Moment ganz bequem ... und schließe die Augen ... Du kannst eine Hand auf deinen Bauch legen ... oder einfach so deinen Atem beobachten, ... das Heben und Senken der Bauchdecke ... beim Einatmen und ... Ausatmen ...

Du nimmst deinen Atem wahr und entspannst dich dabei immer mehr …
Und während du dich immer tiefer und tiefer entspannst … kannst du einfach Bilder und Themen auftauchen lassen … die dich zurzeit beschäftigen. … Fragen, die ungeklärt sind … Dinge, die du planen musst oder möchtest … Probleme, die dich beschäftigen … und für die du eine Lösung finden möchtest … Projekte, für die du Ideen suchst … Dies kann aus dem beruflichen und dem privaten Bereich sein … und immer wenn dir ein Thema deutlich wird, kannst du kurz die Augen ein wenig öffnen, … und dir ein Stichwort notieren, … um dann wieder in die Entspannung zurückzusinken, … die Augen schließen … um dich mit jedem Atemzug weiter zu entspannen …
Du kannst ganz passiv bleiben … ohne jedes Bemühen … einfach auftauchen lassen, was dich ohnehin gerade beschäftigt …
Du hast hier in dieser Woche (diesen Tagen) die Gelegenheit, dir vielleicht über manches etwas mehr Klarheit zu verschaffen … und du kannst Dinge planen und Arbeit vorwegnehmen, die dir später Zeit erspart … und du kannst neu Lösungen entdecken … alleine … und mit anderen gemeinsam … die dich überraschen werden … und freuen können … und auch sehr viel Spaß haben … bei dieser ganz anderen Art … kreativ und spielerisch … an die Aufgaben des Alltags heranzugehen … und vielleicht schrumpft so ein Berg von Problemen zu kleinen übersichtlichen Aufgaben und Herausforderungen zusammen, … die du mit Spaß und Neugier … einmal ganz anders … als sonst … betrachtest … und angehst … und verwandelst … während du ganz entspannt bleibst …

… Längere Pause …

Und wenn du alle Themen, Probleme und Fragen notiert hast, die dir im Moment einfallen … dann kannst du langsam hierher zurückkehren … den Kontakt zum Stuhl spüren … tief einatmen … lass kleine Bewegungen entstehen … und du kannst dich recken und strecken … und die Augen wieder öffnen …

Ihre Trainer-Aufgabe

Schreiben Sie eine Fantasiereise, die zu ihrem Seminarthema passt. Überlegen Sie vorher, was das Ziel der Fantasiereise sein soll:

- *Soll die Fantasiereise den Teilnehmern Informationen liefern?*
- *Soll die Fantasiereise die Teilnehmer auf ein bestimmtes Thema einstimmen?*
- *Sollen die Teilnehmer während der Fantasiereise kreative Fragen entwickeln?*

Suchen Sie dazu eine geeignete Hintergrundmusik aus.

24 Ausstellung

Zur Methode

Ausstellungen setze ich bei Methoden-Seminaren ein, zum Beispiel zum Thema „Mindmap". Da hänge ich viele sehr unterschiedliche Beispiele auf, Mindmaps zu ganz unterschiedlichen Themen und Bereichen, um die Bandbreite der Anwendungsmöglichkeiten zu veranschaulichen.

Beispiel

Unterrichtsmaterialien

Ich bringe hier Beispiele aus der Fortbildung für Lehrer und Ausbilder in der Berufsausbildung, wo die Teilnehmer im zweiten Teil des Seminars in Arbeitsgruppen konkrete Unterrichts- und Unterweisungsmaterialien entwickeln. Bis zu diesem Zeitpunkt haben sie verschiedene Lerntechniken und -methoden sozusagen in Reinkultur kennen gelernt, nun geht es darum, diese auf ihre konkreten Fächer und Berufsbereiche anzuwenden und zu übertragen. Bevor die Teilnehmer Themen auswählen und in die Arbeitsgruppen gehen, wird die Ausstellung vorgeführt, die sie zu weiteren Ideen anregen soll.

Suggestopädie und Unterrichtsmaterialien

Ich bereite die Ausstellung vor. Der Raum wird bis auf zahlreiche Pinnwände leer geräumt, an die ich Unterrichtsbeispiele und Materialien hänge, die ich erstellt habe oder die von anderen Teilnehmern in früheren Seminaren erarbeitet wurden. Sie sind zum größten Teil so aufbereitet und kommentiert, dass sie ohne Erläuterung verständlich sind. Trotzdem kann es sinnvoll sein, einzelne Teile zu kommentieren, auf jeden Fall sollten natürlich Nachfragen möglich sein. Oft lasse ich den Teilnehmern auch noch die Zeit, interessante Anregungen abzuschreiben oder Ideen zu notieren, die ihnen bei dem Rundgang gekommen sind.

Variante

Sie können das Ganze auch etwas spielerischer oder suggestopädischer angehen und die Teilnehmer zum Beispiel zu einer Vernissage einladen. Dazu werden erst einmal alle vor die Tür geschickt, während Sie die Ausstellung vorbereiten. Dann öffnen Sie die Tür, im Hintergrund läuft Musik und die Teilnehmer werden mit Sektgläsern empfangen, die mit Mineralwasser gefüllt sind. Sie haben ein Mikrofon in der Hand und führen nun die Gruppe zu den verschiedenen Stationen. Die Erläuterung der Darstellungen können Sie witzig oder reißerisch gestalten, auf jeden Fall so, dass das Interesse der Teilnehmer geweckt wird (und erhalten bleibt). Auch hier sollte wieder die Möglichkeit sein, Fragen zu stellen und sich Notizen zu machen.

Ihre Trainer-Aufgabe

Wenn es in Ihrem Seminar sinnvoll ist, eine solche Ausstellung aufzubauen, brauchen Sie entsprechende Materialien, die Sie dort zeigen. Wenn Sie nicht schon auf gesammeltes Material zurückgreifen können, müssen Sie es eigens dafür erstellen. Da ist aber die Frage, ob sich der Aufwand lohnt. Das hängt davon ab, welchen Stellenwert eine solche Ausstellung in dem Seminargeschehen hat, außerdem, ob Sie diese öfter einsetzen können oder nur ein einziges Mal. Vielleicht können Sie auch Materialien von Kollegen ausborgen.

Wenn Sie entsprechende Materialien zur Verfügung haben, kann es notwendig sein, erklärende Zusatzinformationen auf Plakate zu schreiben, die Sie dazu hängen. Das ermöglicht, dass die Teilnehmer die Ausstellung selbstständig und in ihrem individuellen Tempo anschauen können, ohne dass Sie alles erklären müssen.

25 Assoziationen-ABC

Zur Methode

Assoziationen sind eine Grundlage kreativen Denkens und machen das Gehirn frei und beweglich. Sie können auch Scheu oder Angst vor einem neuen Thema nehmen, da hierbei nicht Wissen abgefragt wird. Assoziationen hängen mit dem Hintergrund und der persönlichen Erfahrung zusammen, sind deswegen individuell und unterschiedlich und können nicht „falsch“ sein. Bei der nun folgenden Übung liefern sie zudem schon eine Menge Stoff und eine Grundlage zur Weiterarbeit. Ihnen als Trainer erlaubt die Übung auch einen Einblick darüber, was die Teilnehmer zum Thema denken, meinen oder wissen. Sie können diese Übung aber auch als rein spielerische kreative Methode nehmen, um sich dem Thema anzunähern.

Verlauf

Jeder Teilnehmer erhält einen Arbeitsbogen, auf dem links untereinander alle Buchstaben des Alphabets stehen. Wenn Sie sich spontan zu der Übung entschließen und keine Arbeitsblätter vorbereitet haben, kann auch jeder einfach ein Blatt Papier selbst entsprechend vorbereiten.

Beispiel

Thema Motivation
Die Teilnehmer werden aufgefordert, zu jedem Buchstaben des Alphabets eines oder mehrere Wörter zum Thema Motivation zu überlegen, möglichst mit Tempo und ohne lange darüber nachzudenken. Am besten geben Sie einen Zeitrahmen vor, zum Beispiel 10 Minuten.

Varianten der Weiterarbeit

A Im Plenum

Nach der Phase der Einzelarbeit können Sie einige Ergebnisse auf einem Flipchart sammeln. Es würde zu viel Zeit in Anspruch nehmen, wenn Sie von allen Teilnehmern Ergebnisse aufschreiben würden. Schreiben Sie pro Buchstaben drei bis vier Wörter, bis die jeweilige Zeile voll ist. Versuchen Sie, einen möglichst bunten Querschnitt zu sammeln und achten Sie darauf, dass von jedem Teilnehmer Beispiele aufgeschrieben werden.

B In Kleingruppen

Es bilden sich Gruppen von je drei Teilnehmern, die ihre Sammlung miteinander vergleichen. Wörter, die bei zweien oder dreien vorkommen, werden gestrichen (aber so, dass sie noch lesbar bleiben). Sie können auch die Zeit einräumen, so dass über unklare Begriffe diskutiert und nachgefragt werden kann.

C Einzelarbeit

Jeder Teilnehmer nimmt seine Liste vor und ordnet die gesammelten Begriffe den folgenden drei Kategorien zu:

a) Was ist / beinhaltet Motivation?
b) Was sind Voraussetzungen für Motivation?
c) Was sind Folgen / Ergebnisse von Motivation?

Die Zuordnungen können durch verschieden farbige Textmarker vorgenommen werden.

Bei den Zuordnungen können sich zum Teil Überschneidungen ergeben. Daraus kann sich vor allem eine interessante Diskussion darüber entwickeln, was die Teilnehmer unter Motivation verstehen. Gerade dieser Begriff ist ja ausgesprochen schwammig, und oft wird deutlich, dass manche Dinge als Voraussetzung von Motivation gesehen werden, die eigentlich erst eine Folge davon sind. Zum Beispiel: „Beharrlichkeit“: Viele meinen, um dauerhaft motiviert zu sein und Erfolg zu haben, muss man diszipliniert und beharrlich sein. Wenn ich aber wirklich motiviert bin, das heißt von innen heraus von etwas begeistert oder angespornt, dann ist Beharrlichkeit nur ein Bestandteil, dann ist auch äußere Disziplin nicht nötig (die ja ohnehin nur kurzfristig wirkt.)

Aus all dem kann sich schon eine lebhafte Diskussion zum Thema entwickeln, an die im Weiteren angeknüpft werden kann.

Beispiel

Schreibe Assoziationen zum Thema Motivation auf

A Anerkennung, Ausdauer, Antrieb, Angst, Aktivität
B Belohnung, Begeisterung, Bewegung
D Dauerhaftigkeit, Durchhaltevermögen, Druck
E Einfluss, Eifer, Energie, Ehrgeiz, Emotionen, Erfahrung, Erfolg
F Fleiß, Frustration, Feuer, Freude, Fortschritt, Fantasie
G Glück, Glaube, Gefühl, Geduld, Geld, Ganzheit
H Hingabe, Hilfe, Hoffnung, Handeln, Hindernisse, Hartnäckigkeit, Haltung
I Ideale, Inbrunst, Interesse, Impulse, Ideen, Initiative
J Ja-sagen, Jubel, Jagdfieber, Jugend
K Karriere, Konzentration, Kreativität, Kanalisieren, Können, Kampf
L Liebe, Lust, Langeweile, Lernen, Lebensfreude
M Mut, Meditation, Methode, Motive, Miteinander

N Neigung, Nachdenken, Notwendigkeit, Neubeginn, Natur
O Organisation, Optimismus, Offenheit, Odyssee
P Prestige, Positives Denken, Präsenz, Praxis, Perfektion, Pannen,
Q Qualität, Quälen, Quelle, Querdenken
R Reife, Reiz, Regelmäßigkeit, Ruhe, Richtung, Resonanz
S Sieg, Sonne, Selbstdisziplin, Spaß, Sinn, Struktur, Selbstbild, Stetigkeit
T Tun, Tempo, Transparenz, Teilnahme, Taktik, Tatendrang, Training
U Umdenken, Unzufriedenheit, Unternehmen, Unternehmungslust
V Vielfalt, Vorbilder, Vorsatz, Vergnügen, Visualisieren, Vielseitigkeit
W Wohlbefinden, Wille, Wachsein, Werte, Wünsche, Willensstärke
Z Ziel, Zuwendung, Zuversicht, Zeit, Zielstrebigkeit, Zusammen

26 Brainstorming auf dem Boden

Zur Methode

Da die meiste Zeit in Seminaren mit Sitzen und Reden verbracht wird, schätze ich persönlich alle Methoden, die diese Form unterbrechen und die Teilnehmer auch körperlich in eine andere Position bringen. Hier findet eine Verbindung von Einzel- und Gruppenarbeit statt, die ein belebendes Element darstellt.

Beispiel

Motivation und Zeitmanagement

Verlauf

Auf dem Boden liegt ein großer Bogen Papier (z. B. mehrere zusammengeklebte Flipcharts oder eine Zeitungspapierrolle) sowie Filzstifte. In der Mitte steht das Thema geschrieben, zu dem die Teilnehmer Assoziationen sammeln sollen. Beispiel: *„Was fällt dir zum Thema Motivation ein?"* Jeder schreibt nun die Stichworte auf, die ihm dazu einfallen. Zwischendurch können die Teilnehmer auch einmal herumgehen und sich durch die anderen Assoziationen zu weiteren eigenen anregen lassen. Zum Schluss stellt sich jeder auf den Begriff, den er zurzeit am stärksten mit Motivation verbindet. Daraus können sich dann Diskussionen mit dem Nachbarn oder in kleinen Gruppen ergeben.

Bei einer anderen Fragestellung könnten sich die Teilnehmer auch bei dem Begriff positionieren, zu dem sie weiterarbeiten möchten.

Oder Sie möchten die Hauptproblempunkte Ihrer Teilnehmer erfahren, dann können sich die Teilnehmer auf das Stichwort stellen. Bei einem Seminar zum Thema Zeitmanagement zum Beispiel: „Was ist dein größtes Problem hinsichtlich Zeitmanagement?"

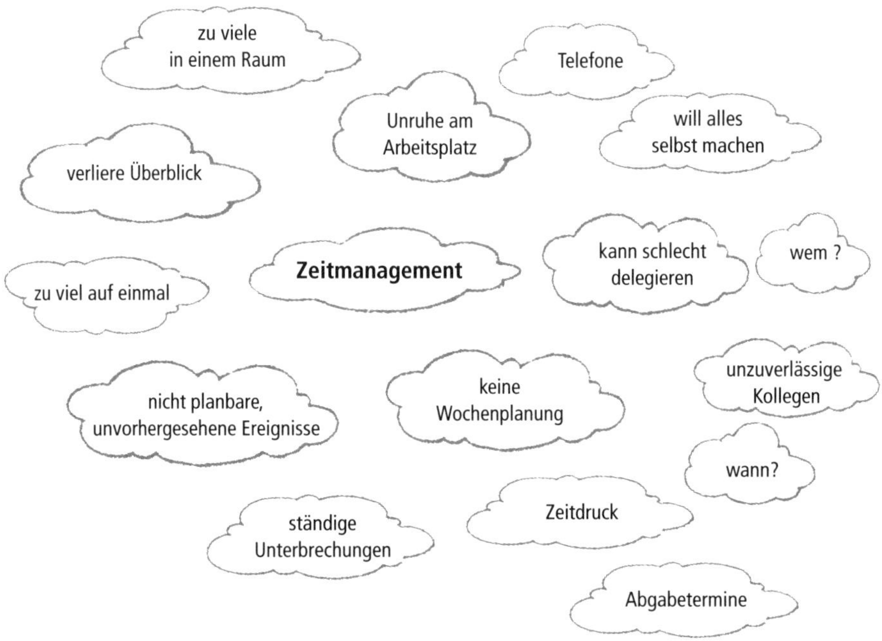

Varianten Sie können die Teilnehmer vorher in vier Gruppen aufteilen, die sich auf die vier Ecken des Bogens verteilen. Einer aus jeder Gruppe übernimmt das Schreiben auf Zuruf der anderen.

Ihre Trainer-Aufgabe *Sie brauchen sich lediglich eine Fragstellung für das Brainstorming zu überlegen und eine mögliche Weiterarbeit, wenn das Brainstorming beendet ist.*

27 Erfahrungsaustausch mit Gruppen-Flipchart

Zur Methode

Die Methode ist ähnlich wie die Nr. 17, nur dient sie hier nicht zur Klärung der Seminarerwartungen, sondern zum Erfahrungsaustausch mit anderen Kollegen. Der findet natürlich vor allem auch in den Pausen und nach Feierabend statt, aber es kann auch sinnvoll sein, eine strukturierte Form anzubieten. Das hängt unter anderem vom Thema des Seminars ab. Oft greife ich hier Themen auf, die anschließend weiter bearbeitet werden. Dann dient dieser Teil auch dazu, zu sehen, was die Teilnehmer darüber schon wissen, was sie schon anwenden und mit welchem Ergebnis. So kann ich gezielter daran anknüpfen. Gleichzeitig findet hier schon eine inhaltliche Einstimmung der Teilnehmer auf das Thema statt, ein erster Austausch darüber mit den anderen Teilnehmern und somit auch eine intensivere Form des Kennenlernens, von der die weitere Arbeit profitiert.

Verlauf

Bilden Sie Gruppen (Sie können dazu ein Gruppenaufteilungsspiel spielen) – wie viele, hängt von der Teilnehmer-Zahl ab: Bei 16 Teilnehmern bilden Sie beispielsweise vier Gruppen. Jede Gruppe bekommt einen Flipchart-Bogen, auf dem in der Mitte eine Frage oder ein Satzanfang steht. Die Gruppen sollen daraus ein Mindmap machen und entsprechende Stichworte dazu schreiben. Beachten Sie dabei bitte:

- dass das Flip nicht gedreht wird, also das Geschriebene ohne Kopfstand gelesen werden kann, wenn das Flip später aufgehängt wird
- schön und deutlich zu schreiben
- Platz für Ergänzungen der anderen Gruppen zu lassen.

Nach ca. 3 – 5 Minuten werden die Bögen an die nächste Gruppe weitergereicht, dann ein zweites und drittes Mal, bis alle Gruppen die Flipcharts beschrieben haben. Es ist vielleicht sinnvoll, dass jede Gruppe einen Filzstift mit einer bestimmten Farbe erhält und diese bei allen Flips beibehält, so dass nachher ersichtlich ist, welche Gruppe was geschrieben hat.

Weiterarbeit

Die ausgefüllten Bögen werden an den Wänden oder Pinnwänden befestigt. Es gibt verschiedene Möglichkeiten, wie Sie damit weiterarbeiten können.

A Moderierte Diskussion

Alle Teilnehmer setzen sich im Halbkreis vor die Flipcharts und lesen die Stichworte. Es werden Dinge ergänzt, nachgefragt, kommentiert. Oft ist es notwendig, sie doch noch einmal vorzutragen, weil die Schrift nicht immer lesbar ist.
Diese Variante kann aber etwas langweilig sein, das hängt auch davon ab, was die Teilnehmer geschrieben haben und wie die Thematik den Diskussionsbedarf herausfordert.

B Wanderausstellung

Hier wandert nicht die Ausstellung, sondern die Teilnehmer, die herumgehen und sich die Flipcharts durchlesen. Anschließend können noch Fragen gestellt werden oder Punkte angesprochen, bei denen es unterschiedliche Sichtweisen gibt. So kommt etwas Bewegung in die Gruppe und es werden nur die Dinge besprochen, die im Moment wichtig oder von Interesse sind.

C Punkten

Wenn sich Themen auf den Flipcharts finden, die zu einer Weiterarbeit anregen, so können Sie die Teilnehmer auffordern, Punkte zu verteilen.
Eine mögliche Aufgabenstellung wäre:

- Zwei rote Punkte für die Themen, an denen weitergearbeitet werden soll
- 2 blaue Punkte für die Themen, über die diskutiert werden soll.

Beispiel

Motivation

Satzanfänge:

1. Die Mitarbeiter sind demotiviert, wenn sie …
2. Die Mitarbeiter sind demotiviert, weil sie …
3. Bisher habe ich/haben wir Folgendes zur Motivation getan …
4. Positiv hat die Motivation bisher beeinflusst …

Ausbildung
Satzanfänge:
1. Schwierigkeiten der Azubis ...
2. Fähigkeiten der Azubis ...
3. Was können wir zur Unterstützung tun ...

Methoden
1. Welche Unterrichts-/Seminarmethoden kennt ihr ....?
2. Welche Methoden wendet ihr an (Sternchen hinter die entsprechende Methode machen)?
3. Womit habt ihr negative Erfahrungen gemacht?
4. Womit habt ihr gute Erfahrungen gemacht?

28 Lernposter

Zur Methode

Lernposter kenne ich vor allem aus der Suggestopädie. Auf ihnen werden in dekorativer und auffälliger Weise mit Bildern und Texten Lerninhalte dargeboten. Sie können dann eingesetzt werden, wenn in ein bestimmtes Thema eingeführt wird, sie können aber auch schon vorher als Randstimulus an der Wand hängen und so unbewusst wirken. Es gibt Untersuchungen, dass solche Randstimuli ein späteres Lernen des Stoffes erleichtern und beschleunigen. Selbst wenn das nicht funktionieren sollte, ist es eine angenehme ästhetische Abwechslung zu Tafel oder Flipchart, die die Aufmerksamkeit und Konzentration erhöht und somit das Lernen unterstützt. Sie können Lernposter mit der Hand beschriften und bemalen oder mit dem Computer die Texte schreiben und drucken – beides hat seinen Reiz.

Natürlich kostet die Herstellung eines solchen Posters Zeit und lohnt sich nur bei Themen, die Sie öfter behandeln.

Tipp Damit die Poster länger halten, empfiehlt es sich, sie zu laminieren. Dann überleben sie länger, auch häufige Transporte oder wenn sie von der Wand fallen (was mir vorzugsweise in Seminaren während einer Entspannungsübung passiert! Aber für solche Situationen habe ich das „Utilisieren" gelernt: störende Geräusche in die Entspannungsübung oder Fantasiereise mit einzubauen. Nach dem Motto: „. und so, wie dieses Plakat sich von der Wand löst, kannst du all deine Gedanken loslassen ... " oder: „ ... und so, wie das Auto vorbeifährt, ziehen deine Gedanken weiter ... ").

29 Lernlandschaft

Methode *Diese Methode aus der Suggestopädie können Sie einsetzen, wenn Sie in ein Thema einführen und Informationen vermitteln wollen, und dies auf kreative sinnliche und anschauliche Weise. Konkrete Bilder und Gegenstände prägen sich besser ein als abstrakte Worte. Hinzu kommt auch das räumliche Gedächtnis, nämlich: wo was gestanden oder gehangen hat.Sie können hierbei auch die Teilnehmer mit einbeziehen.*

Verlauf Die Teilnehmer sitzen in einem Halbkreis. Sie bauen während Ihres Vortrags nach und nach die Lernlandschaft auf, entweder vorne wie auf einer Art Bühne oder in der Mitte des Raums oder diagonal quer durch den Kreis – wie auch immer es passt. Sie können eine Kordel spannen und dort Schilder anhängen, Dinge auf Stühle oder Tische bauen. Es sollte vor allem abwechslungsreich sein. Zu den wichtigsten Schwerpunkten und Inhalten legen Sie etwas auf den Boden: ein großes buntes Plakat mit Stichworten, eine Illustration, ein Bild und andere Gegenstände. Diese können ruhig ungewöhnlich oder witzig sein, umso mehr lösen sie Neugier und Interesse aus. Außerdem dient diese Methode als Gedächtnisanker.
Vor allem wenn die Gegenstände aus einem ganz anderen Bereich kommen, fallen sie besonders auf. So finden hier Spielzeug und Utensilien aus der Wüste ihren Platz, wie ich später noch konkreter beschreibe. Um die Teilnehmer an manchen Stellen mit einzubeziehen, können Sie vorher Karten an verschiedene

Teilnehmer verteilen. Auf der Vorderseite steht ein Stichwort. Wenn dieses Stichwort in ihrem Vortrag erwähnt wird, sollte sich der entsprechende Teilnehmer melden und vorlesen, was dazu auf der Rückseite als Erläuterung steht. Natürlich können Sie die Teilnehmer dazu auffordern, etwas zu dem Vortrag beizutragen, wenn sie möchten. Wenn es nicht möglich ist, eine große Landschaft im Raum aufzubauen, da Sie zum Beispiel um einen großen unverrückbaren Konferenztisch sitzen müssen, können Sie auch eine kleinere Variante wählen. Ich traf einmal eine Kollegin, die in dieser Form ein Vorstellungsgespräch gestaltete, was außerordentlich kreativ und mutig war.

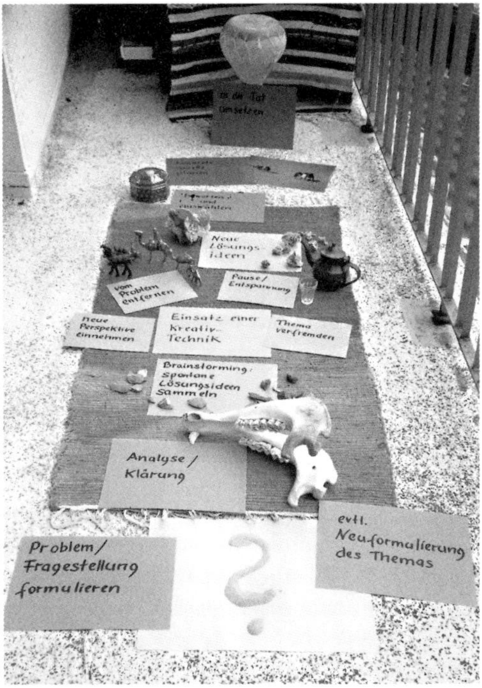

Beispiel

Kreative Ideenfindung und Problemlösung

Diese Lernlandschaft setze ich nicht nur in Seminaren ein, sondern auch bei Vorträgen zum Thema. Ich stelle damit die Phasen der kreativen Problemlösung vor. Da ich jedes Jahr in die Sahara gehe, kam mir einmal die Idee, zu diesem Thema nur „Requisiten" aus der Wüste zu nehmen. Sie können natürlich völlig andere Gegenstände (und Assoziationen) einsetzen, dieses Beispiel dient nur als Anregung. Das, was fett gedruckt ist, schreibe ich auf einen bunten Karton, den ich zu den jeweiligen Gegenständen auf den Boden lege. ❀ symbolisiert einen Gegenstand.

1. Problem/Fragestellung

❀ **Wüstensand**

Ich streue Wüstensand in Form eines Fragezeichens aus einer Flasche auf ein großes Blatt.

2. Klärung/Analyse

❀ **Kamel-Kieferknochen**

Ein großer Kamel-Kieferknochen (ein echter!) symbolisiert das „Durchkauen" von Problemen.

3. Eventuelle Neuformulierung

❀ **Sand von Fragzeichen zu Ausrufezeichen**

Ich nehme das Blatt an den Seiten hoch, so dass sich der Sand von einem Fragezeichen **?** zu einem Ausrufezeichen **!** verschiebt.

4. Spontane Lösungsideen sammeln (Brainstorming)

❀ **Feuersteine**

Ich streue Feuersteine auf den Boden, die ich in der Wüste gefunden habe. Damit kann man Funken schlagen (neue Ideen).

5. Einsatz einer Kreativ-Technik (verschiedene Beispiele)

a) **Vom Problem entfernen**
   a. kleine Holzkamel-Karawane
b) **Pause/Entspannung**
   b. Beduinen-Teekännchen und Gläser
c) **Thema verfremden**
   c. Chech (= Turban)
   Ich binde mir einen Chech um.
d) **Eine andere Perspektive einnehmen**
   Ich beuge mich nach vorne und schaue durch meine Beine hindurch.

Lernlandschaft zum Thema: Zeitmanagement

Bemerkung

Diese Lernlandschaft setze ich sehr früh im Seminar als Einstimmung ins Thema ein und um einige grundsätzliche Denkanstöße zu geben. Es werden Aspekte angesprochen, die im weiteren Seminarverlauf vertieft werden.
Es ist keine typische Lernlandschaft, bei der nur in ein Thema eingeführt wird, sondern hier werden die Teilnehmer sehr oft aktiv mit einbezogen.

Verlauf

Im Folgenden schreibe ich zuerst, welchen Gegenstand ich hinlege, der mit dem folgenden Symbol gekennzeichnet wird: ❀ und dann, was ich dazu sage.

A

❀ **blaue nüchterne Uhr**

Als ich neulich bei Ikea war, sah ich diese Uhr und dachte an dieses Seminar …

B

❀ **bunte Keramik-Wanduhr aus der Türkei**

Zu Hause fiel mir dann diese Uhr ins Auge und ich kam auf die Idee eines Vergleichs. (Ich erzähle an dieser Stelle noch nicht, dass die Uhr aus der Türkei ist)

Übung

> Die Teilnehmer sollen sich diese beiden Uhren anschauen und alle Assoziationen aufschreiben, die ihnen dazu einfallen. Anschließend lesen die Teilnehmer reihum ihre Assoziationen vor. Als ich diese Methode zum ersten Mal einsetzte, war ich verblüfft darüber, wie viele Assoziationen den Teilnehmern einfielen und vor allem, wie unterschiedlich sie waren und auch wie persönlich. Das löste dann auch bei den Teilnehmern eine erste Erkenntnis darüber aus, wie unterschiedlich und wie subjektiv Assoziationen sind, dass sie mit dem eigenen Erfahrungshintergrund zu tun haben, den persönlichen Abneigungen und Vorlieben. Anschließend erzähle ich kurz die Geschichte der türkischen Uhr (ich habe sie in der Türkei als Geschenk bekommen) und leite über zu dem unterschiedlichen

C

❀ **Zeitverständnis und Zeitverhalten in verschiedenen Kulturen**

Dazu erzähle ich die Geschichte von den Indianern auf der Baustelle (s. S. 76) und von meiner eigenen Erfahrung. In allen Ländern, in denen ich reiste, war dies eines meiner ersten Wörter der Landessprache: langsam, langsam.

Griechenland: siσa siσa

Türkei: yavaş yavaş

Tunesien: beschwayya beschwayya

(Diese Worte notiere ich auf bunte Karten und lege sie auf den Boden). Dazu den afrikanischen Spruch:

„Ihr habt die Uhren, wir haben Zeit!"

Wenn Mitarbeiter anderer Nationalitäten am Seminar teilnehmen, können diese sicher auch etwas dazu beitragen. Ansonsten kann hier ein kurzer Austausch über Zeiterlebnisse und -irritationen in anderen Ländern und Kulturen stattfinden.

D

❀ **Sanduhr**

Wir nehmen uns selten einmal Zeit für Ruhe und Muße. „Nichts tun" ist für viele Menschen völlig ungewohnt und furchtbar. Oft machen wir sogar zwei oder drei Dinge gleichzeitig. (Das Radio läuft im Hintergrund, während wir kochen oder rumtüfteln oder lesen; beim Telefonieren tippen wir schnell etwas in den PC; während einer Besprechung planen wir den nächsten Einkauf etc.)

Übung

Jeder überlegt kurz, was er oft gleichzeitig macht (privat oder beruflich) und tauscht sich dann mit seinem Nachbarn darüber aus. Dazu erzähle ich dann die bekannte Zen-Geschichte (siehe weiter hinten) mit folgender Essenz: „Wenn du etwas machst, mache es mit voller Konzentration, Achtsamkeit und Bewusstheit. Es ist völlig gleichgültig, was du machst, es gibt keine unterschiedliche Bewertung, ob du Klos putzt oder ein Flugzeug lenkst. Tu es mit voller Hingabe und Konzentration." Meine persönliche Erfahrung ist, dass mit einer solchen Einstellung die meisten Tätigkeiten mehr Spaß machen. Und dass man oftmals trotz langsamer achtsamer Bewegungen sogar schneller fertig wird (beim Abwaschen zum Beispiel). Über dieses scheinbare Rätsel können Sie ja auch mal einen Moment nachdenken …

Übung

Als Experiment zum Thema „Nichts tun" bitte ich die Teilnehmer, so lange zu schweigen und nichts zu tun, wie die Sanduhr durchläuft … Anschließend findet ein Austausch statt:

- Wie hast du das erlebt? Wie ging es dir dabei?
- Was hast du (innerlich) gemacht?
- Wie lang kam dir die Zeit vor?

E

❀ **Küchen-Eieruhren (eine tickende, eine nicht tickende)**
Ich stelle die Eieruhr ein … Diese Uhren ticken laut, und man bekommt permanent mit, wie die Zeit abläuft … Es gibt aber auch nicht tickende Modelle, die erst nach Ablauf der Zeit piepsen (dann aber nicht von selbst aufhören); man kann in der Zeit andere Dinge tun, die Zeit vergessen und wird dann durch das Signal erinnert, zum Beispiel den Tee abzugießen.

F

❀ **„Exotische Zeitmesser"**
- Räucherstäbchen, die eine bestimmte Zeit brauchen, um abzubrennen, zum Beispiel eine Stunde – so lange dauert dann eine Meditationsrunde.
- Früher gab es mal „Stundenkerzen“ mit Nägeln: Nach jeder Stunde, die die Kerze weiter herunterbrannte, fiel ein Nagel heraus.

F

❀ **Kalender**
Verschiedene Beispiele auf den Boden legen:

Weitere Hilfsmittel, um die Zeit in den Griff zu bekommen, sind die unterschiedlichsten Kalender.
- Verschiedene Taschenkalender mit Bildern und Geschichten, zu verschiedenen Themen, für spezielle Zielgruppen
- Tischkalender
- Jahresüberblick
- *timesystem* oder andere Terminplaner
- Bildkalender

Dazu lege ich einen Bildkalender aus der Wüste „Zeit und Raum“. „Unendlich“ ist ein zeitlicher und räumlicher Begriff, „Assoziationen zu Einstein’s Relativitätstheorie“, Überleitung zu:

Zeit ist relativ

Wir erleben Zeit sehr unterschiedlich. 5 Minuten können wie der Blitz vorübergehen oder sich unerträglich lange ausdehnen.

Die Teilnehmer sollen zuerst in Einzelarbeit 2 Minuten lang überlegen:

- Wann habe ich Zeit als lang erlebt? (negative und positive Situationen)
- Wann verging die Zeit sehr schnell?

Beispiele werden in *Murmelgruppen* erläutert. Im *Plenum* wird dann auf Flipcharts gesammelt:

lange Zeit		**kurze Zeit**	
positiv	negativ	positiv	negativ

Indianer-Geschichte:

Für ein großes Bauprojekt in den USA wurden sehr viele Arbeiter gebraucht. Es meldeten sich die unterschiedlichsten Leute, darunter auch eine Gruppe von Indianern. Als nun der erste Arbeitstag kam, trafen die Bauarbeiter pünktlich am Treffpunkt ein und wurden zur Baustelle gefahren. Sie zogen sich um und begannen ihre Arbeit. Nur die Indianer setzten sich ruhig auf eine Bank und warteten. Als der Baustellenleiter dies sah, fragte er empört: „Was macht ihr? Warum arbeitet ihr nicht wie all die Anderen?" Die Indianer sahen verblüfft zuerst sich an und dann den Baustellenleiter. „Meister, unsere Körper sind da, aber unsere Seelen noch nicht."

Ja, dieses Ankommen der Seele und des Geistes ist eine wichtige Sache – aber wir nehmen uns dafür oft nicht die Zeit …

Zen-Geschichte:

Einst reiste ein Zen-Meister mit einigen Schülern in Chinas Hauptstadt und lagerte nahe am Fluss. Ein Mönch aus einer anderen Sekte erkundigte sich bei einem der Schüler des Zen-Meisters, ob dieser auch Zauberkunststücke könne. Sein eigener Meister nämlich sei ein sehr befähigter und fortgeschrittener Mann: Wenn er auf der einen Seite des Flusses stehe und jemand anders auf der gegenüberliegenden, der ein Blatt Papier in der Hand halte, so könne der Meister Schriftzeichen in die Luft malen, die dann auf ebendiesem Papier erschienen. Der Zen-Mönch erwiderte, auch sein Meister sei ein befähigter und fortgeschrittener Mann, denn auch er könne die erstaunlichsten Kunststücke fertig bringen. Wenn er schlafe, beispielsweise, dann schlafe er, und wenn er esse, dann esse er.

30 Vorführung/Trainer-Sketch

Zur Methode

Ziel ist es, durch eine außergewöhnliche Darbietung Interesse für ein Thema zu wecken und dazu zu verhelfen, dass der Inhalt leichter im Gedächtnis bleibt. Sie haben es selbst erlebt: Dass Ungewöhnliches und Witziges leichter und länger in unserem Gedächtnis bleibt als Normales oder gar Langweiliges.

Diese Methode erfordert von Ihnen als Trainer Mut und Spielfreude. Ein wenig steckt in jedem von uns auch die Lust, vorne auf einer Bühne zu stehen und sich zu produzieren – ansonsten hätten wir alle den falschen Job gewählt. Hier können Sie diese Neigung voll ausleben. Wie bei allen Methoden hat es natürlich nur Sinn, wenn es Ihnen wirklich Spaß macht (trotz vielleicht anfänglichem Lampenfieber) und Sie auch davon überzeugt sind, dass es nützlich und hilfreich ist.

Ich habe sehr oft die Erfahrung gemacht, dass ich von langweiligen Vorträgen nichts behalten habe, dass mir aber andere Trainer, die irgendetwas Besonderes darstellten oder ausstrahlten, sehr lebhaft in Erinnerung sind. So sehe ich z. B. Michael Grinder mit einem riesigen Handschuh oder einer überdimensionalen Brille bei der Darstellung der verschiedenen Lerntypen agieren, was ich sofort in meine Seminare übernommen habe.

Verlauf

Der Verlauf lässt sich schwer in „Trockenform“ darstellen, weshalb ich Sie vor allem auf das folgende konkrete Beispiel zum Thema „Die Kraft der Vorstellung“ hinweisen möchte:

Sie haben einen Vortrag zu einem bestimmten Thema vorbereitet, in dem Sie Fakten und Informationen vermitteln oder in ein Thema einführen wollen. Diesen Vortrag können Sie mit Requisiten anreichern, durch übertriebene Körpergestik und Mimik, Pantomime oder einen Sketch. Sie können in einer entsprechenden Verkleidung auftreten (was ja auch etwas die Hemmungen nehmen soll, da Sie damit in einer anderen Rolle sind und sich hinter der Maske verstecken können). Ich nutze es auch immer dazu, meine Lieblings(ver)kleidung auch außerhalb von Karneval tragen zu können (zumal ich selten Karneval feiere), nämlich als Beduine aufzutreten mit entsprechendem Gewand (Djelleba oder Burnus) und einem Chech (=Turban).

Beispiel

Die Kraft der Vorstellung

Ich trete auf, mit weißem Chech und weißer Djelleba gewandet:
„Hallo, ich bin der menschliche Geist. Ich bin – auch wenn man es von außen nicht so direkt sieht – geteilt."
Ich mache mich ganz klein: „Ich bin zwar viel kleiner als die andere Hälfte, aber mir wird viel mehr Bedeutung zugemessen. Viele Menschen kennen meine andere Hälfte kaum. Wenn sie vom menschlichen Geist sprechen, meinen sie nur mich. – Ich bin das so genannte „Bewusstsein". Ich bin aber nur die Spitze des Eisbergs."
Ich klappe das Flipchart mit Eisbergmodell auf.
„Meine andere Seite ist das Unbewusste, das, was unter der Oberfläche ist und was viel größer ist."
Ich wachse, blähe mich auf, habe eine andere, tiefere und vollere Stimme.
„Hallo, ich bin das Unbewusste. Obwohl ich viel größer und dicker bin als das Bewusstsein, versuchen viele Menschen mich zu ignorieren – was natürlich nicht geht. Ich übernehme so viele Jobs, ohne die ein Mensch gar nicht existieren kann ... aber das nehmen viele nicht so wahr, da ich im Untergrund arbeite."
Ich werde wieder klein. „Ich will Ihnen erzählen, was meine Aufgabe ist: Ich steuere all die Dinge, die wir mit Absicht tun, all die rationalen Sachen wie rechnen, ordnen, Entscheidungen treffen ... all das, was wir bewusst und willkürlich tun. Die Menschen bilden sich sehr viel darauf ein, mich zu haben – aber verglichen mit dem Unbewussten bin ich oft der schwächere Teil. Dazu später mehr ..."

Ich werde groß. „Ich bin für alle automatischen und unbewussten Abläufe und Prozesse zuständig, z. B. für das vegetative Nervensystem. Hier werde ich noch am ehesten akzeptiert, denn jedem leuchtet es ein, dass es praktisch ist, wenn ich mich um den Herzschlag *(schlage mit der Faust gegen die Brust),* die Verdauung *(krümme mich zusammen)* und den Kreislauf *(tue so, als ob ich eine Kurbel drehe – oder ich laufe im Kreis …)* kümmere. Wenn man das alles bewusst steuern wollte, das gäbe ein ganz schönes Chaos. Man müsste überall Schilder aufhängen. *(Ich trage ein Schild herum mit der Aufschrift: „Bitte Ein- und Ausatmen nicht vergessen …)".*
Ich halte ein großes rotes Herz hoch. „Ich bin auch für die Gefühle zuständig, wie Freude, Ärger, Angst, Aufregung, Enttäuschung, Begeisterung *(alles pantomimisch darstellen).* Das ist wichtig zu wissen: Man kann nicht bewusst auf seine Gefühle Einfluss nehmen, sondern nur durch Kontakt mit mir, dem Unbewussten, denn es ist meine Domäne. Viele versuchen das, z. B. indem sie sich rational sagen: ‚Es ist unnötig oder unsinnig, davor Angst zu haben …' Und, geht die Angst dadurch weg? – Nein. Oder: „Ich darf keinen Ärger haben." – Dadurch wird der Ärger höchstens noch schlimmer. Hierzu könnte ich noch viele Beispiele bringen …
Ich bin ebenso zuständig für die Vorstellungskraft, die Fantasie, Intuition, Ideen und innere Bilder *(Karten mit Aufschrift: Fantasie/Intuition/Ideen und ein tatsächliches Bild auf den Boden legen.)* und ebenso für die Erinnerung, für alles, was jemand gehört, gesehen, erfahren oder gelernt hat *(Dabei werfe ich kleine Schnipsel über den Boden, auf denen jeweils ‚Erinnerung, Erinnerung' steht …).*
Ihr merkt sicher auch schon, dass das alles zusammenhängt: Wenn ich mich an etwas erinnere, tauchen die entsprechenden Bilder der Situationen auf, der Umgebung und Menschen, dazu habe ich die entsprechenden Gefühle, ob es angenehm oder unangenehm war – und diese Gefühle beeinflussen das vegetative Nervensystem … Das ist also ein Kreislauf, bei dem ein Element das andere anstupst … *(pantomimisch darstellen).*

Dazu möchte ich ein Beispiel zeigen: Jemand ist unfreundlich zu mir *(Pantomime: grrr …)* und das löst ein unangenehmes Gefühl aus *(Smiley mit runter gezogenen Mundwinkeln hochhalten),* das erzeugt wiederum eine körperliche Reaktion *(z. B. erhöhten Herzschlag, vermehrte Adrenalinausschüttung pantomimisch darstellen)* – diese unangenehmen Gefühle werden als Erinnerung gespeichert (in einen kleinen Koffer packen). Wenn ich später an diesen Menschen denke oder jemanden treffe, der mich an ihn erinnert, habe ich die gleichen Reaktionen" *(pantomimisch wiederholen).*

31 Lernkonzert

Zur Methode *Diese suggestopädische Methode kann mit unterschiedlichen Zielsetzungen eingesetzt werden. Ich kann damit in ein neues Thema einführen und so eine Grundlage für das weitere Lernen oder Beschäftigen mit dem Thema legen. Es ist aber keineswegs so, dass die Teilnehmer nur durch ein Lernkonzert schon den kompletten Stoff gespeichert haben (wie einige Superlearning-Kassetten-Vertreter es gerne glauben machen), aber es bereitet den Boden. Sie können ein Lernkonzert aber auch als Wiederholung eines Lernstoffs (zum Beispiel vor einer Prüfung) einsetzen.*

Verlauf In der klassischen Form wird zu einem Lernkonzert Barockmusik im Hintergrund gespielt, und zwar langsame Adagio- oder Largo-Sätze. Diese fördern eine entspannte Atmung und einen ruhigen Herzschlag. Es geht darum, die Teilnehmer in einen Zustand zu versetzen, in dem sie körperlich entspannt und geistig wach sind, einen Zustand, in dem das Unbewusste (=Langzeitgedächtnis) besonders aufnahmefähig ist.
Zu dieser Musik tragen Sie dann mit ruhiger angenehmer Stimme den Text vor: eine Geschichte, einen Dialog oder was auch immer.

Wenn Sie eine Teilnehmer-Gruppe haben, die vielleicht eine große Abneigung gegen klassische Musik hat (Jugendliche zum Beispiel), können Sie es auch mit einer anderen ruhigen Musik versuchen. Musik ist nun einmal sehr stark Geschmackssache und wenn jemand eine große Abneigung gegen eine bestimmte Musik hat, kann er sich nicht entspannen.

Sie können das Lernkonzert auch mit einer kurzen Entspannung einleiten und die Teilnehmer darauf hinweisen, dass sie nichts tun müssen, sondern einfach nur der Musik lauschen und sich entspannen. Wenn sie wollen, können sie auch auf den Text hören.

Beispiel

Die Kraft der Vorstellung

Dieses Lernkonzert ist die Fortsetzung der „Vorführung" Nr. 30. Hier wird der gleiche Inhalt mit etwas anderen Bildern wiederholt.

Text:
Du liegst entspannt auf einer Wiese und verlierst dich in Erinnerungen ohne eine bestimmte Richtung ... Du lässt deinen Geist weit schweifen, wie einen Vogelflug ... Er fliegt zu der Welt der Götter, die ein großes Geheimnis bergen. Aber du bist bereit, dieses geheime Wissen zu ergründen und dir nutzbar zu machen ...
Du landest sanft in den Regionen des Geistes und siehst dort zwei Inseln: eine gut sichtbare kleine Insel und eine große, unter Wäldern und Nebeln verborgene Insel. Die kleine Insel trägt den Namen „Bewusstsein", die große heißt „Unterbewusstsein". Die kleine Insel ist dir ziemlich vertraut, deshalb drängt es dich mehr, die verborgene Insel zu erforschen, zumal du auch gehört hast, dass du dort viele Schätze finden kannst. Auf der Insel gibt es verschiedene Bereiche, die in Verbindung miteinander stehen. Zuerst begibst du dich in die Zone der Erinnerung. Hier triffst du alte Bekannte, du siehst – wie in einem Theaterstück – Situationen aus deinem früheren Leben vorbeiziehen. Nun bist du gleichzeitig Zuschauer und Agierender. Auch die Gefühle, die du in den einzelnen Situationen hattest, erlebst du nun einmal mehr wieder und bist damit schon in die zweite Zone eingedrungen. Nun kannst du gar nicht mehr unterscheiden, was innere und was äußere Bilder sind ...
Auf einmal erlebst du großen Ärger, ein andermal sogar Angst. Aber dann bist du plötzlich auf einem Fest, in einer dir sehr vertrauten Gemeinschaft, und du erlebst Freude und Geborgenheit. Dir wird klar, dass du immer noch auf der Wiese liegst. Du erlebst die Dinge in deiner Vorstellung. Du staunst über die Kraft deiner Vorstellung, die dir solche Bilder liefert, so dass du jetzt Gefühle von Furcht oder Freude erlebst.
Du spürst, wie dein Herzschlag sich beschleunigt und deine Hände ganz warm und durchblutet sind ... Sanft lässt du deinen Geist in dieses unbekannte Land davon gleiten und findest dich in der Zone des vegeta-

tiven Nervensystems wieder. Da siehst du viele fleißige Arbeiter, die den Kreislauf ankurbeln. Eine andere Gruppe knetet einen riesigen Herzmuskel. Da kommen zwei mit einem Eimer voller Schweißtropfen vorbeigelaufen, den sie nach und nach ausgießen. Und auch die Verdauungstruppe ist aktiv. Trotz der emsigen Tätigkeit ist alles wohlgeordnet und strukturiert. Da kommt das Signal „Entspannung" und „Wohlgefühl".

Die einzelnen Abteilungsleiter geben neue Kommandos für ihre Gruppen: Sie sorgen für einen ruhigeren Herzschlag, tiefere Atmung und entspanntere Muskeln. Wieder kehrst du zurück auf die Wiese, genauso entspannt wie in dem letzten Bild. Nun fragst du dich, wie es sein kann, dass du bisher hauptsächlich nur die kleine Insel Bewusstsein beachtet hast und warum dir so wenig klar war, was auf der großen Insel geschieht und wie wichtig die Prozesse sind, die dort ablaufen. Wie in einem inneren Film laufen die Veränderungen der beiden Inseln ab. Nun sind es gar keine Inseln mehr, sondern langsam entsteht ein neues Gebilde: ein Eisberg. Auf der oberen sichtbaren Spitze erkennst du das Bewusstsein, unter der Wasseroberfläche das Unbewusste, auch jetzt sehr viel größer und mächtiger als der sichtbare Teil.

Und es taucht in dir eine Ahnung auf, dass dieser Teil sehr viel mehr Macht hat und viel stärker ist als das Bewusstsein, auch wenn man es nicht immer so deutlich sieht und wahrnimmt. Oder hat es vielleicht sogar noch mehr Gewicht, weil man es nicht sieht, weil es im Verborgenen wirkt? Sicher ist es klug, überlegst du, ihm in Zukunft mehr Beachtung zu schenken und Kontakt mit ihm aufzunehmen. Aber wie kannst du das anstellen?

Halt – eben war es dir doch ganz gut gelungen. Du erinnerst dich, wie es zu der Reise auf die unbekannte Insel gekommen war ... Richtig – du lagst ganz entspannt auf der Wiese und erlaubtest dir, zu träumen ... Das ist also der Schlüssel in das unbekannte Land: Entspannung und Loslassen.

Wozu könnte es sinnvoll sein, diese Insel aufzusuchen? Suchst du die Lösung zu einem Problem, die dir bei allem angestrengten Nachdenken nicht einfällt? Da kann es hilfreich sein, in die Welt der Erinnerungen, Bilder und Fantasie einzutauchen, denn hier hat sich hinter geheimen Türen ein ungeheures Wissen angesammelt, das mit Intuition und neuen Ideen kombiniert zu ganz neuen kreativen Lösungen führen kann.

Hier ist auch der Ort, an dem du Probleme und Ängste, deren Ursprung vielleicht schon lange zurückliegt, bearbeiten kannst. Lerne, neue Programme zu entwickeln. Laufe neue Pfade in die Wiese. Und das alles in entspanntem Zustand, mit Visualisierungen und Musik, die dich begleitet und unterstützt. Es lohnt sich also, diesen Ort regelmäßig aufzusuchen, die zahlreichen Möglichkeiten zu nutzen und die Schätze dort zu bergen.

2.2 Vortragsformen

Einführung

Im Folgenden stelle ich verschiedene Varianten von Vorträgen vor, die alle über den üblichen Rahmen hinausgehen. Das heißt, keine beschränkt sich darauf, dass Sie ein Referat vorlesen oder frei erzählen, sondern sie alle beinhalten ergänzende Formen und Methoden, die es den Teilnehmern ermöglichen sollen, aktiver am Geschehen teilzuhaben und damit mehr davon profitieren zu können.

Wir behalten

10 % von dem, was wir **LESEN**	**50 %** von dem, was wir **HÖREN und SEHEN**
20 % von dem, was wir **HÖREN**	**70 %** von dem, was wir **SELBER SAGEN**
30 % von dem, was wir **SEHEN**	**90 %** von dem, was wir **SELBER TUN**

Die zusätzlichen Ergänzungen und Anregungen sind auf die Methoden 33 bis 36 verteilt. Ich empfehle Ihnen, sie alle durchzulesen und sich dann Ihr eigenes Set zusammenzustellen. Wählen Sie Aspekte aus, die zu Ihrem Thema passen. Solche Vorträge erfordern aber auch eine entsprechende Vorbereitung von Ihnen. Dazu finden Sie im Folgenden einige Anregungen.

32 Methoden zur Vorbereitung eines Vortrags

1. Mindmap

Sie können sich die wichtigsten Stichworte Ihres Vortrags auf ein Mindmap (oder gar mehrere) notieren. Dann haben Sie eine gute Gedächtnisstütze, können die Reihenfolge und die wichtigsten Punkte ablesen. Wenn Sie ein solches Mindmap groß auf ein Flipchart oder eine Wandzeitung schreiben, dann haben Sie nicht nur einen „öffentlichen Spickzettel", Ihre Teilnehmer folgen einem roten Faden, was ihnen das Zuhören erleichtert. Für Ihre Zuhörer ist das Vortragen anhand eines Mindmaps sehr viel angenehmer als ein abgelesenes Referat. Denn Sie sprechen eine normale Sprache, die sich von der „Schriftsprache" unterscheidet. Streuen Sie Anekdoten ein, gehen Sie zwischendurch auf Fragen der Teilnehmer ein und behalten Sie im Blick, was Sie noch behandeln wollen.

2. Moderationskarten

Sie können sich zu jedem Stichpunkt Notizen auf Moderationskarten schreiben. Farblich kodiert oder durchnummeriert, verhelfen Ihnen diese Karten dazu, den Überblick zu behalten. Während des Vortrags legen Sie die Karten nach und nach auf den Boden oder hängen Sie sie an eine Pinnwand. Achten Sie darauf, nicht zu sprechen.

3. Audio-Kassetten

Haben Sie den Wunsch, Ihren Vortrag ganz frei zu halten und ihn über das übliche Maß hinaus perfekt zu gestalten (vielleicht, weil Sie vor einem sehr großen Publikum sprechen)? Dann können Sie sich mit folgender Methode helfen, die ich einer Empfehlung von Vera F. Birkenbihl entnommen habe: Sprechen Sie die erste Variante auf eine Kassette oder Mini-Diskette (je nachdem, welches dieser Geräte Sie besitzen) und hören Sie sich diese an: beim Autofahren, Kartoffelschälen oder wann immer Sie etwas tun, bei dem Sie nicht viel denken müssen. Sie werden Stellen entdecken, die Ihnen gut gefallen, die Sie behalten wollen und andere, die völlig kraus oder gar langweilig sind. Sprechen Sie einen neuen, überarbeiteten

Vortrag und hören sich auch diesen immer wieder an. Änderungen und Ergänzungen, die Ihnen einfallen, schreiben Sie sofort auf.

Schließlich ist Ihnen Ihr eigener Vortrag schon höchst vertraut, bevor Sie ihn überhaupt gehalten haben. Dann können Sie außerdem die Zeit messen und den Vortrag entsprechend verkürzen oder verlängern.

4. Test-Personen

Wenn Sie auch von jemand anderem ein Feedback wünschen, dann fragen Sie einen Freund oder Kollegen, ob Sie ihm kostenlos einen Vortrag halten dürfen (das geht notfalls auch telefonisch) und bitten Sie anschließend um Rückmeldungen, die Sie kommentarlos notieren (oder aufnehmen). Danach können Sie sich noch gemeinsam beraten.

5. Seminar-Aufnahmen

Ich möchte Ihnen hier noch einen weiteren Tipp von Frau Birkenbihl vorstellen, den ich auch schon ausprobiert habe. Sie können dabei sehr viel lernen, müssen allerdings evtl. auch einiges einstecken können – denn wir selbst sind ja oft unsere schärfsten Kritiker. Das ist keine Methode, mit der Sie einen Vortrag zum ersten Mal vorbereiten, aber Sie können damit einen Vortrag verbessern, den Sie öfter halten werden. Es lohnt sich also bei Themen, die Sie häufiger anbieten.

Und zwar nehmen Sie sich selbst in einem Ihrer Seminare bei einem Vortrag oder anderer Aktivität auf und hören sich das später an. Es kann in der Tat zuerst sehr erschreckend sein, ähnlich, wie wenn man sich zum ersten Mal auf einer Kassette singen hört. Es geht weniger darum, ob Sie einen ausgefeilten Vortrag zu hören bekommen, aber mir fiel zum Beispiel auf, dass ich in einem fortlaufenden Kurs, in dem mir die Teilnehmer sehr vertraut waren, oft gar keine vollständigen Sätze sprach. Das lag zum Teil daran, dass die Teilnehmer sehr schnell zeigten, dass sie verstanden hatten, was ich sagen wollte. Dann fallen einem bestimmte, oft unbewusste „Macken“ auf, bestimmte Redewendungen, die gerade „in“ sind. So hörte ich bei mir oft am Ende eines Satzes ein fragendes und Bestätigung erheischendes „ne?“ (eine kölsche Eigenart), das ich grauenvoll fand. Gleichzeitig fand ich aber durch verschiedene Aufnahmen heraus, dass ich in „offizielleren“ Runden zumindest die Sätze zu Ende sprach.

Gleichzeitig bekommen Sie aber auch durch die Teilnehmer inhaltliche Rückmeldungen. In der Situation selbst bekommen Sie die Reaktion der Teilnehmer gar nicht so deutlich mit. Wenn Sie das Band anhören, merken Sie, wo interessierte Reaktionen sind, an welchen Stellen die Teilnehmer vielleicht lachten, was verständlich war und was Nachfragen provozierte. Das wird vor allem deutlicher, wenn Sie den gleichen Vortrag mehrfach aufnehmen und auswerten.

33 Mini-Vortrag (TEP)

Zur Methode

Hierbei geht es um eine Methode, die ich im Rahmen des M.A.S.T.E.R. Programms kennen gelernt habe (s. Glossar). Eins der obersten Prinzipien ist Teilnehmeraktivierung. Der Mini-Vortrag gibt einen kurzen Input und wird von unterschiedlichen Aktivitäten umrahmt und begleitet, welche die Teilnehmer aktiv mit einbeziehen. Das soll helfen, dass Teilnehmer bei Vorträgen oder Referaten nicht nur vor sich hin dösen, sondern möglichst aufmerksam und Ziel gerichtet zuhören können. Sie bewirken bei den Teilnehmern ein Erkenntnis leitendes Interesse mit einem deutlichen Fokus.

1. Aufgaben für Teilnehmer verteilen

Zu Beginn des Vortrags werden die Teilnehmer in Gruppen aufgeteilt, z. B. A-B -C, jede Gruppe erhält eine andere Aufgabe. Zur Gruppenaufteilung gibt es verschiedene Spiele oder Übungen: Durchzählen lassen (ABC, ABC), Zettelchen mit Buchstaben ziehen lassen, Bilder mit den Anfangsbuchstaben A,B oder C vorlegen etc.

Beispiele

Thema: Methoden für Trainings und Seminare

Verteilung von Aufgaben für A, B und C
A: Notiert, welche *Seminarmethoden* ich im Vortrag nenne
B: Notiert, welche *anderen Formen* außer im Vortrag ich anwende
C: Notiert, welche *Seminarphasen* ich anspreche und welche Ziele mit ihnen angestrebt werden

Anderes Beispiel:
A: Welche Fragen sind offen, was ist noch unklar, was sollte vertieft werden?
B: Was macht scheinbar keinen Sinn, wo gibt's Widerspruch?
C: Achtet auf Möglichkeiten zur Anwendung.

2. Während des Vortrags

Sie beginnen mit einer herausfordernden Behauptung oder Provokation. Sie erzählen eine Geschichte, bauen Metaphern, Analogien, Beispiele ein. Es kann auch ein eigenes Erlebnis oder der eigene Bezug zum Thema sein. Sie machen den Teilnehmen klar , was sie von diesen Informationen haben, und stellen einen Bezug zu ihrer Praxis her. Sie stellen eine Frage, die die Teilnehmer für sich beantworten. Sie stellen während des Vortrags Fragen und bitten um Handzeichen. Sie können Informationsfragen stellen: „Wer kennt ... ? Wer hat ... gemacht?", Meinungsfragen oder Schätzfragen.

3. Visualisieren

- Die Hauptinfos auf Flipchart, Postern und Wandzeitungen anschaulich darstellen
- Zitate u. a. auf Wolken schreiben und in den Raum legen
- Stichpunkte auf Moderationskarten und während des Vortrags auf den Boden legen oder auf eine Flipchart hängen
- Bilder und Randstimuli aufhängen, die zum Thema passen

Manche Trainer schreiben während ihres Vortrags ans Flipchart. Selten überzeugt diese Methode: Das meiste ist unleserlich und chaotisch angeordnet, außerdem drehen Sie dann als Trainer

Ihren Teilnehmer den Rücken zu, während Sie schreiben und womöglich gleichzeitig reden.

4. Aktive Mitarbeit der Teilnehmer

- Murmelgruppen (oder Paare), die sich kurz über eine Frage/einen Punkt austauschen
- Verteilen Sie Arbeitsblätter mit Lücken, die die Teilnehmer ausfüllen müssen

5. Aufgaben der Teilnehmer nach dem Vortrag

- Die Aufgaben werden den Teilnehmern schon vorher mitgeteilt. Die Fragen stehen sichtbar auf Flipcharts, so dass die Teilnehmer zielgerichtet und fokussiert zuhören können.
  Flip 1) Hier stehen zehn Faktenfragen
  Flip 2) Drei wichtige Schlussfolgerungen

Beispiel Kommunikation

Auf einem Flip stehen 10 Regeln zu einer achtsamen Kommunikation:

- Sie lassen die Teilnehmer über die Wichtigkeit der einzelnen Punkte abstimmen in Bezug auf....
- Sie fragen nach Zusatzideen
- Sie lassen jede Regel/Idee begründen
- Sie lassen sie thematisch ordnen

Ihre Trainer-Aufgabe

Als Erstes entwickeln Sie Ihren Mini-Vortrag. (Vorschläge hierzu siehe „Karten-Vortrag“ und „Zwei W's“.)
Überlegen Sie, wie Sie Ihre Teilnehmer einbinden und aktivieren können.

- *Bietet es sich vielleicht an, gleich zu Beginn eine Frage zu stellen, vielleicht eine Schätzfrage oder eine Meinungsfrage? Wenn ja, welche?*
- *Welche Aufgaben/Rollen können Sie verteilen?*
- *Wollen Sie Arbeitsblätter einsetzen? Wo können Sie Lücken lassen?*
- *Was fällt Ihnen noch Neues ein?*

34 Karten-Vortrag

Zur Methode

Auch diese Methode berücksichtigt, dass die Teilnehmer Wissen und Informationen zum Thema mitbringen, einige von ihnen haben auch schon konkrete Erfahrungen. Für die Aufnahme neuer Informationen sowie das Einordnen in das schon vorhandene Wissensnetz ist es sinnvoll, dieses Wissen mit einzubeziehen. Teilnehmeraktivierende Methoden sind sehr viel effektiver für das Verstehen und Behalten als es reine Vorträge sind, denen die Teilnehmer nur passiv lauschen. Dennoch gibt es Themen, zu denen Informationen geliefert werden müssen. Die folgende Methode verbindet den Input von Informationen mit einer Teilnehmeraktivierung. So können sich beide ergänzen, die Teilnehmer sind aktiv und daher interessiert und wach.

Verlauf

Sie haben sich Stichworte zu Ihrem Vortrag beispielsweise auf blaue Moderationskarten geschrieben (und diese nummeriert). Diese legen Sie der Reihe nach begleitend zu Ihrem Vortrag auf den Boden (oder heften sie an eine Pinnwand). Bevor Sie die entsprechenden Inhalte erläutern, fragen Sie zuerst die Teilnehmer, wer etwas weiß und beitragen möchte. Wenn ein Teilnehmer zusätzliche Informationen bringt, werden diese z. B. auf grüne Karten geschrieben und dazugelegt oder gepinnt. Anschließend können Sie dann noch ergänzen, wenn Informationen oder Inhalte fehlen.

Mögliche Ergänzung

Sie können die Teilnehmer dazu auffordern, Fragen zu den Stichpunkten zu stellen. Diese werden auf rote Karten geschrieben und zugeordnet. Auch hier können zuerst die anderen Teilnehmer zur Beantwortung aufgefordert werden, ehe Sie als Trainer auf die Fragen eingehen.

Ihre Trainer-Aufgabe

Zunächst müssen Sie natürlich Ihren Vortrag vorbereiten. Dazu gibt es verschiedene Möglichkeiten. Traditionellerweise wird ein Referat schriftlich festgehalten und dann der lauschenden Zuhörerschaft vorgelesen. Dass das nicht die sinnvollste und effektivste Art ist, hat sich ja inzwischen (hoffentlich) herumgesprochen. Wenige Menschen können einem solchen Vortrag lange und konzentriert folgen, die Menge, die dabei verstanden und behalten wird, ist ziemlich gering. Es ist ein Trugschluss zu glauben, dass die vorgetragene Information auch so aufgenommen wird, wie sie vorgetragen wird.

Das, was ein Redner an Informationen von sich gibt, ist nicht identisch mit dem, was Zuhörer
- **aufnehmen**
- **verstehen**
- **verarbeiten**
- **behalten**
- **wieder abrufen**
- **und anwenden**

können!

Das liegt unter anderem daran, dass die Schriftsprache eine andere ist als die frei gesprochene Sprache. Im Folgenden stelle ich Ihnen einige alternative Möglichkeiten vor, wie Sie frei sprechen und Kontakt zu Ihren Teilnehmern halten.

35 Zwei W's: Was ich weiß und was ich will

Zur Methode *Sie wollen in ein Thema einführen, vielleicht ein Referat oder einen Vortrag dazu halten. Da Sie Ihre Teilnehmer wenig oder gar nicht kennen, wissen Sie nicht, was sie interessiert und was diese vielleicht auch schon zum Thema wissen. Möglicherweise gibt es sogar Fachleute unter ihnen.*

Zudem ist es ein Grundprinzip von aktivierendem Lehren und Lernen, dass die Teilnehmer einem Vortrag viel konzentrierter und aufmerksamer folgen können, wenn sie für sich vorher geklärt haben, was sie speziell an dem Thema interessiert.

Verlauf Sie legen farbige Moderationskarten aus, die die Teilnehmer beschriften:
- blau: was ich schon zum Thema weiß
- rot: wozu ich gerne Informationen hätte

- grün: wozu ich noch Fragen habe
- gelb: was ich diskutieren/bearbeiten möchte.

Mögliche Weiterarbeit

A
Sie halten Ihr Referat wie geplant und bauen die Fragen der Teilnehmer mit ein. Das erfordert natürlich Flexibilität und thematisch passende Fragen und Infowünsche.

B
Sie beantworten die Fragen vorher und ergänzen die Informationswünsche anschließend, wenn sie nicht im Vortrag enthalten sind. Daran kann sich dann eine Diskussion anschließen.

C
Gelbe und blaue Karten werden an eine Pinnwand gehängt, die Teilnehmer, die diese beschriftet haben, sind nun die „Lehrer", die roten und grünen Karten werden an eine andere Pinnwand gehängt und die dazugehörigen Teilnehmer sind die „Schüler". Überschneidungen sind möglich, wenn einer der Teilnehmer Karten mit allen Farben beschriftet hat. Zur Weiterarbeit gibt es auch hier verschiedene Möglichkeiten:

- Jeder stellt sich zu der Pinnwand, wo er die meisten Karten beschriftet hat.
- Gemeinsam wird eine Reihenfolge erstellt, in der die einzelnen Schwerpunkte bearbeitet werden. Dann können die Teilnehmer dem Thema entsprechend ihre Rolle einnehmen. Entweder fungieren sie als „Lehrer" und teilen ihr Wissen mit oder stellen als Schüler die Fragen, die sie haben.
- Es werden Themen-Gruppen aus rot/grün gebildet und die entsprechenden Lehrer von blau/gelb gesucht. Diese C-Variante ist die zeitlich und organisatorisch aufwändigste, aber inhaltlich sicher die effektivste. Schließlich entlastet sie Sie als Trainer letztlich am meisten.

Ihre Trainer-Aufgabe

Lesen Sie bitte Ihre Trainer-Aufgabe unter der Methode Nr. 34 „Karten-Vortrag" nach.

36 Einstiegs-Referat

Zur Methode

Dies ist eine schlichtere Variante der vorhergehenden Formen, die am ehesten den herkömmlichen Referaten entspricht, dennoch aber noch andere Aspekte enthält, die den Teilnehmern mehr Nutzen versprechen. Das Referat wird von verschiedenen Visualisierungen begleitet.

Visualisierungen

1. Auf Flipcharts sind die wichtigsten Punkte geschrieben
2. Auf Moderationswolken werden Zitate oder Thesen geschrieben, die während des Vortrags aufgehängt oder hingelegt werden
3. Randstimuli mit passenden Bildern und Texten hängen an der Wand

Zu Beginn des Vortrags ist es günstig, dass die Teilnehmer einen unmittelbaren Bezug zu ihrer Arbeit oder ihrem Alltag herstellen können, also zwischen Thema und ihnen selbst. Hier helfen konkrete Beispiele, in denen sich der eine oder andere wiederfinden kann, oder witzige Anekdoten. Daran anschließen können Sie einige Thesen oder Hauptpunkte des Themas, die später noch ausführlicher behandelt werden. Dies dient als Überblick.

Weiterarbeit

Nach Ihrem Kurzreferat finden sich die Teilnehmer zu *Paaren* (z. B. mit Hilfe der Weihnachtsketten) und tauschen sich über folgende Fragen aus, die Sie auch auf einem Flipchart visualisiert haben:

- Was war neu für mich?
- Woran möchte ich weiterarbeiten? Worüber mehr erfahren?
- Was war wichtig für mich?

A

Dann kommen alle im *Plenum* zusammen, die Abschlussrunde können Sie auch zur Abwechslung im Stehen durchführen (nicht alle sitzen gerne den ganzen Tag!). Sie geben einen Ball in die Runde. Jeder, der etwas von dem Besprochenen mitteilen möchte, lässt sich den Ball zuwerfen und gibt seinen Kommentar ab.

B
Sie können den *Paaren* auch den Auftrag geben, Stichworte zu Punkt 2 (Woran möchte ich weiterarbeiten? Worüber mehr erfahren?) auf Moderationskarten zu schreiben. Im *Plenum* werden diese Karten an eine Pinnwand geheftet, geclustert und gemeinsam geklärt, was in welcher Form bearbeitet wird. Es können sich entsprechende Arbeitsgruppen bilden, Sie können eine freiwillige Frage-Antwort-Runde am Abend anbieten, wenn im offiziellen Seminarablauf dafür keine Zeit mehr ist.

2.3 Arbeit im Plenum und in Gruppen

37 Brainstorming – Tempo 30 (nach Carmen Thomas)*

Zur Methode

Das klassische Brainstorming ist die bekannteste Methode zur Entwicklung von kreativen Ideen. Es lebt von den Beiträgen vieler Menschen, die völlig unzensiert, ohne Kommentar und Einschränkung, notiert werden.
In dieser Phase gibt es weder Kritik noch Bewertung. Das kommt später, wenn alle gesammelten Ideen noch einmal begutachtet werden. Dann wird sortiert: Welchen Gedanken möchten wir weiterverfolgen, was bedarf der Überarbeitung, was wollen wir umsetzen und auch wie? Diese Beurteilung und konkrete Planung sollte sauber von der Ideenfindung getrennt sein, da sonst der kreative Prozess schon im Ansatz blockiert wird. Ein weiterer wichtiger Gedanke ist der, dass auch scheinbar unbrauchbare und unsinnige Ideen im Gehirn eines anderen Menschen einen genialen Einfall auslösen können. Auch deshalb ist es so wichtig, dass alles genannt und notiert wird.
Viele Menschen sind es nicht gewohnt, ungehemmt drauflos zu spinnen. Es fällt ihnen schwer, sich einen abfälligen Kommentar zu verkneifen, wenn andere etwas äußern. Um diese innere Selbstzensur noch geschickter zu umgehen, ist Tempo 30 sehr geeignet. Dadurch, dass es zuerst einzeln schriftlich durchgeführt wird, wird auch das Bremsen durch andere verhindert und die Angst vor Blamage vielleicht gemildert. Andererseits geht dadurch erst einmal der Effekt verloren, durch die Äußerungen der anderen angeregt zu

werden. Das kann aber dann in einer zweiten Runde hinzugenommen werden.

Tempo 30 ist natürlich auch besonders geeignet, wenn Sie alleine ein Brainstorming machen wollen oder müssen und niemanden zur Anregung haben. Im Arbeitsalltag gibt es so viele Situationen, in denen Gedankengänge klemmen, wo wir etwas Neues entwickeln oder ausarbeiten müssen. In diesem Fall ist diese Methode ein hervorragender Einstieg. Und: Es kostet Sie nur 1 Minute Zeit! Unglaublich? Probieren Sie es aus.

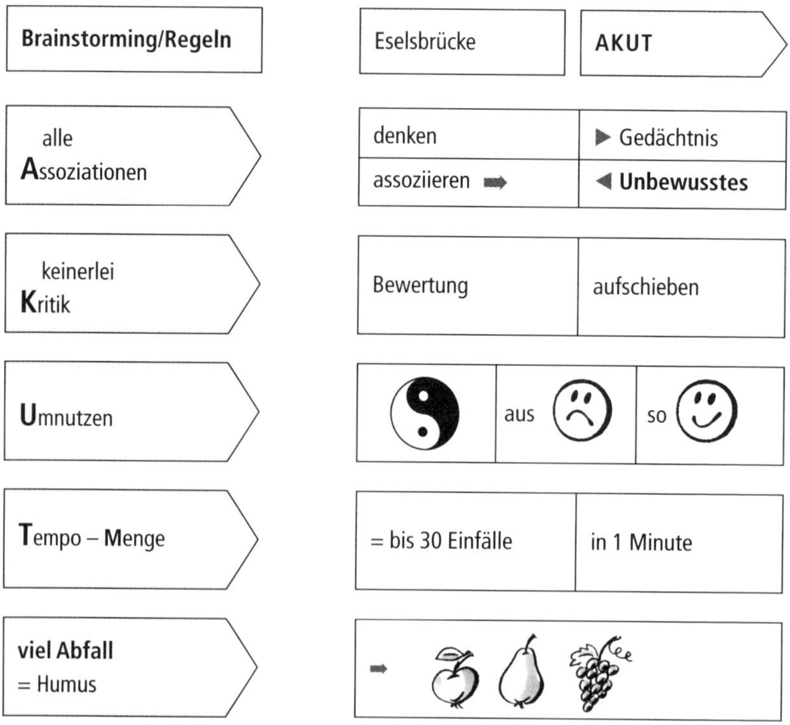

* Carmen Thomas, Erfolgreich Ideen finden

Verlauf

Brainstorming alleine

Nehmen Sie ein Blatt Papier und einen Stift. Sie wählen ein Thema, zu dem Sie Ideen brauchen, und schreiben Sie drauflos so schnell Sie können – ohne abzusetzen. Auch wenn Ihnen nichts „Sinnvolles" einfällt, schreiben Sie weiter.

Das Non-stop-Schreiben hilft Ihnen, die allzu vernünftigen und logischen und normalen Gedanken zu überwinden und in die Bereiche Ihres Unbewussten vorzudringen, wo die Kreativität schlummert. Durch das Tempo kommt Ihr innerer Selbstzensor nicht zu Wort. Und damit haben Sie die Chance, dass wirklich neue und ungewöhnliche Gedanken zum Zuge kommen.

Wenn Sie merken, dass es klemmt, nehmen Sie ein „Schrottwort" zu Hilfe, das Sie sich vorher ausdenken und was nichts mit dem Thema zu tun hat. Das kann „Tesakrepp" oder „Staubsauger" sein, völlig egal. Es verhindert, dass Sie beim Schreiben unterbrechen, und gibt Ihnen einen Moment geistige Verschnaufpause. Aber bleiben Sie dran, schreiben Sie weiter.

Beim ersten Mal werden Sie in einer Minute noch nicht 30 Worte schaffen, dazu benötigen Sie Training. Entweder Ihnen genügen die 20 oder Sie hängen eine Minute dran. Es empfiehlt sich, täglich eine solche „Fingerübung" durchzuführen, so werden Sie schnell fit und bald bei 30 Wörtern ankommen. Danach können Sie nun Ihre Schätze sichten, ordnen, weiterspinnen und aussortieren und mit den Ideen weiterarbeiten.

Brainstorming in der Gruppe

Jeder nimmt sich Blatt und Stift und lässt seinen Ideen freien Lauf. Nach einer Minute tragen Sie die Ideen zusammen, je nach Zeit und Wichtigkeit des Themas entweder mündlich oder schriftlich.

Um den Effekt des normalen Brainstormings auch zu nutzen, nämlich durch die Einfälle der anderen zu eigenen Ideen angeregt zu werden, können Sie die Teilnehmer dazu auffordern, sofort weitere Ideen zu notieren, die ihnen beim Vortragen der anderen Ideen in den Sinn schießen. Diese tragen Sie dann anschließend zusammen. Nun haben Sie einen riesigen Pool an Ideen, mit dem Sie weiterarbeiten können.

38 Paradoxes Brainstorming (nach Hedwig Kellner)

Zur Methode

Jedes Brainstorming dient dazu, den Kopf für neue und ungewöhnliche Gedanken zu öffnen. Durch schnelles assoziatives Denken (siehe Tempo 30) und das unzensierte Äußern aller Ideen, die einem durch den Kopf schwirren, haben auch ungewöhnliche Ideen die Chance, ans Tageslicht zu kommen. Noch mehr wird die Gefahr einer inneren Selbstzensur durch das paradoxe Brainstorming umgangen. Es ermöglicht, völlig ungehemmt, Gedanken (und damit verbundene Gefühle) zu äußern. So habe ich in Seminaren erlebt, wie Lehrer mit großer Freude ihren „Frust" über ihre Schüler abreagieren konnten.

Außerdem ist die Methode oft sehr lustig – Lachen und Spaß sind ungeheure Motoren für Kreativität. Es löst Denkblockaden, starre Denkmuster und erlaubt es, freier und „kindlicher" an ein Thema heranzugehen. Dadurch werden ganz andere Ideen entwickelt, als wenn man brav im gewohnten Rahmen bleibt.

Beispiele für Motivation

Ihre Teilnehmer beschäftigt die Frage: „Wie kann ich meine Mitarbeiter/Schüler motivieren?"
Diese Frage wird nun ins Gegenteil verkehrt. Klären Sie mit der Gruppe, was genau für sie das (extremste) Gegenteil ist. Herauskommen kann dann die Frage: „Was kann ich tun, um meine Mitarbeiter/Schüler zu demotivieren?"

Verlauf

Sie haben nun das „paradoxe" Thema auf dem Flipchart stehen. Nun werden Antworten und Lösungen gesammelt, die Ihnen die Teilnehmer zurufen und die Sie auf das Flipchart schreiben. Sie können diese Phase zeitlich begrenzen oder nach 2 – 3 Flipchart-Bögen aufhören. Im nächsten Schritt werden diese Antworten dann wieder in ihr Gegenteil verkehrt oder einfach als weitere Assoziationsauslöser genommen. Diese „richtigen" Antworten werden dann ebenfalls auf Flipcharts notiert.

Weiterarbeit im Seminar und zu Hause

Eine Möglichkeit besteht darin, den Teilnehmern zwei rote und zwei grüne Punkte zu geben, die sie hinter die Antworten kleben sollen.

Rote Punkte: Daran möchte ich hier im Seminar weiterarbeiten
Grüne Punkte: Das werde ich zu Hause/bei der Arbeit umsetzen

Die roten Themen können dann im weiteren Verlauf des Seminars in Arbeitsgruppen konkret bearbeitet werden oder mit einer weiteren Methode der „Kreativen Problemlösungstechniken". So haben wir einige mit der Methode „force fit" weitergeführt, wobei zum Beispiel verschiedene Handyspiele für Schüler entwickelt wurden.

39 Niemand weiß alles, aber alle wissen etwas

Zur Methode

In diesem Beispiel geht es inhaltlich um suggestopädische Raumgestaltung und die Schaffung einer positiven Lernatmosphäre. Sie können aber die Methode auch auf andere Themen übertragen. Dies ist wieder eine Kombination von Informationen, die Sie eingeben oder im Hintergrund parat haben, und der Möglichkeit, das Wissen oder die Gedanken der Teilnehmer zu einem Thema mit einzubeziehen (wie bei den Methoden 34 – 36).

Verlauf

Sie bitten die Teilnehmer, sich einzeln zu notieren, welche Bestandteile und Besonderheiten im Raum ihnen im Vergleich zu ihren früheren Klassenzimmern oder auch heutigen „normalen" Seminarräumen auffallen. Dazu können sie einen Vermerk machen, wie es auf sie wirkt, positiv (+), negativ(–) oder neutral (°). Diese Ergebnisse lassen Sie dann vortragen und notieren sie auf einem Flipchart. Ergänzend können Sie ein vorbereitetes Flipchart aufhängen, auf dem Punkte gesammelt sind, was alles so zur Raumgestaltung und Lernatmosphäre beiträgt.

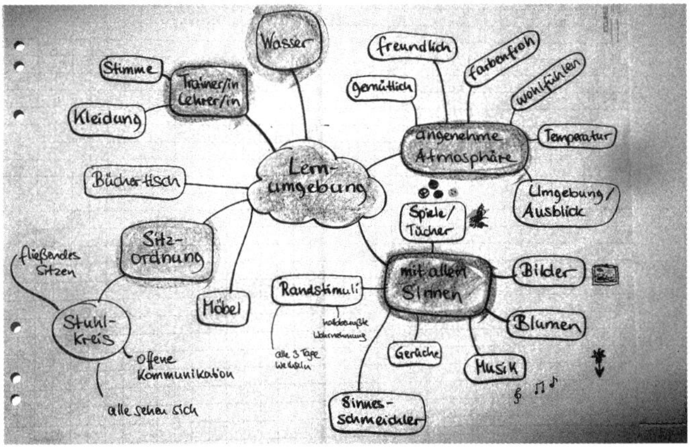

Es wird ein Flipchart zu „peripheren Stimuli" aufgehängt, auf dem ein Mindmap mit Stichworten abgebildet ist, also wozu periphere Stimuli nützlich sind, was das Ziel und welches die Auswirkungen sind. Über die einzelnen Mindmap-Punkte sind Moderations-Ovale mit den gleichen Stichworten geklebt. (Sie sind so befestigt, dass sie entfernt werden können, ohne dass sie oder das Flipchart dabei kaputt gehen.)

Tipp Auf die Rückseite der Ovale Tesafilm und auf das Flipchart Tesafilm als Untergrund kleben, dann ein Tesakreppröllchen auf die Rückseite des Ovals.

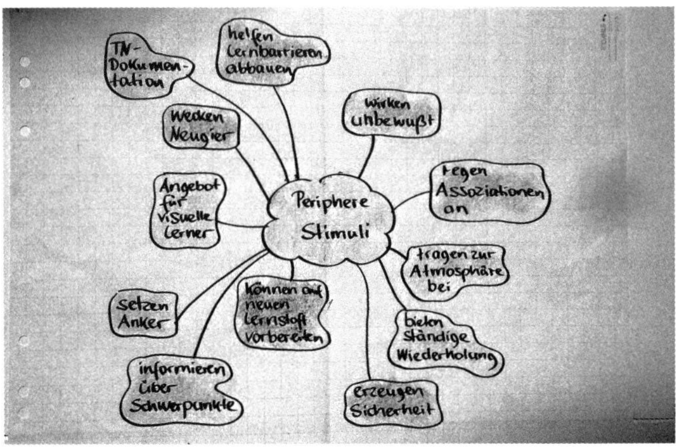

Nun werden (je nach Gruppengröße) je ein bis zwei Teilnehmer gebeten, sich ein Oval zu nehmen, zu dem sie etwas wissen oder beitragen können. Das kann bedeuten, dass sie das Stichwort genauer erläutern, erklären und begründen oder dass sie konkrete Beispiele anführen. Sie halten dieses in Stichworten auf Moderationskarten fest. Nach und nach kommt nun jeder Teilnehmer mit seiner Karte nach vorne, hängt sie neben das entsprechende Stichwort und erläutert seine Ergänzungen. Bei diesem Thema bietet sich nun ein unmittelbarer Transfer an: Jeder nimmt sich eine konkrete Sache vor, die er in seinem nächsten Seminar einsetzen oder verändern will. Diesen Vorsatz notiert sich jeder und teilt seinem Nachbarn mit: „Was“, „Wann“, „Wie“.

40 Wolken-Teppich

Zur Methode

Dies ist eine Form, in der die Teilnehmer an unterschiedlichen Aspekten eines Themas arbeiten, zu dem sie einen direkten Bezug haben oder das sie besonders interessiert. Sie beginnt im Plenum, geht über in die Arbeitsgruppen und wird anschließend im Plenum wieder zusammengeführt. Bei dieser Methode haben Sie sehr viel Spielraum, ich gebe hier nur eine grobe Struktur an: Sie werden sie weiter füllen und durch eigene Ideen ergänzen.

Verlauf

Auf dem Boden liegen Moderationswolken, auf denen Stichworte zum Thema (Bsp.: Stressbewältigung/Zeitmanagement/Grundregeln der Kommunikation) stehen. Die Teilnehmer werden aufgefordert, sich zu derjenigen Wolke, dem Stichwort zu stellen, welche/s

- für sie interessant ist
- für sie persönlich relevant ist
- welches ihrer Erfahrung entspricht
- worüber sie mehr wissen wollen.

Wie Sie die Anweisung formulieren, hängt vom Thema und Ihrer Zielsetzung der Arbeitseinheit ab. Nachdem die Teilnehmer sich gruppiert haben, kann die Weiterarbeit unterschiedlich verlaufen.

Mögliche Weiterarbeit

- Die Teilnehmer, die sich zu einem Thema zusammengefunden haben, tauschen sich darüber ohne konkretere Vorgaben aus.
- Die Teilnehmer bekommen eine Aufgabenstellung, wie: „Sammelt Beispiele und konkrete Situationen zu dem Aspekt und schreibt sie auf Moderationskarten“ oder „Überlegt euch Lösungsstrategien und schreibt diese auf Moderationskarten“ oder „Begründet, warum dieser Aspekt der wichtigste ist“ usw.

Zusammenführung der AG-Ergebnisse

Anschließend treffen sich die AGs zu einem bestimmten Zeitpunkt wieder im Plenum und stellen ihre Ergebnisse vor. Je nach Aufgabenstellung kann dies auch in unterschiedlicher Form geschehen. Beim Zusammentragen der Ergebnisse sollte darauf geachtet werden, dass das in den Gruppen Besprochene nicht noch mal wiederholt wird. Das wäre langwierig und langweilig. Hier sind einige Alternativen:

- Sie greifen einen bestimmten Aspekt heraus, zu dem sich die AGs äußern sollen.
- Sie geben als Bestandteil der AG-Aufgabe mit, dass die Ergebnisse anschließend in einer bestimmten Form präsentiert werden sollten: auf einem Flipchart (freie Gestaltung), als Mindmap, als Lernposter, als Sketch oder Rollenspiel o. Ä. Oder aber Sie lassen nur den Prozess der AG-Arbeit schildern, die AGs präsentieren Lösungsvorschläge zu einem Problem und jeder sagt, was für ihn das wichtigste Ergebnis der AG-Arbeit war.

Welche Form des Zusammentragens Sie wählen, hängt von Thema und Ziel ab. Ist es wichtig, dass die anderen auch inhaltliche Ergebnisse mitbekommen, ist eine Visualisierung der Ergebnisse hilfreich, vielleicht sogar Arbeitsblätter für alle. Geht es mehr um die AG-Arbeit selber, so genügt ein kurzes Feedback.

Wichtig ist es aber auf jeden Fall, eine Form der Zusammenfassung oder Vorstellung der AG-Arbeit als Abschluss durchzuführen, sonst sind die Teilnehmer frustriert und fühlen sich hängen gelassen. Wenn es nur mehr um einen mehr rituellen Abschluss geht, genügt es, den Ball mit einer Frage in den Kreis zu geben wie: „Was war für mich besonders wichtig, neu oder interessant …“

Ihre Trainer-Aufgabe

Suchen Sie sich einen Aspekt aus Ihrem Trainingsprogramm, bei dem ein Austausch und eine aktive Ausarbeitung durch die Teilnehmer sinnvoll ist.

- *Überlegen Sie, ob und welche Aufgabenstellung Sie den Arbeitsgruppen geben, und schreiben Sie diese auf ein Flipchart.*
- *Schreiben Sie die entsprechenden Stichworte auf Moderationswolken.*

41 Erfolgserlebnisse aktivieren

Zur Methode

Diese Methode setze ich in Seminaren zum Thema „Motivation“ ein. Es geht darum, sich vergangene Erfolge bewusst zu machen und – vor allem wenn man die Übung mehrfach durchläuft – gewisse Gemeinsamkeiten und Grundstrukturen zu erkennen, die dazu beigetragen haben, dass jemand Erfolg hatte. Daraus kann man dann Konsequenzen für zukünftige Projekte und Vorhaben ziehen.
Vorher ist zu klären, was mit Erfolg gemeint ist. Führe ich diese Übung mit Ausbildern und Lehrern durch, die wiederum mit Auszubildenden arbeiten, welche Schwierigkeiten haben und die bisher auf eine sehr negative Schulkarriere zurückblicken, so meint Erfolg alles, was sie geschafft haben und sich vorher nicht zugetraut haben. Es sollte dann auch keinesfalls auf Schule oder Ausbildung beschränkt bleiben, sondern auch auf Hobbys und Freizeit erweitert werden. Aber auch bei allen anderen Zielgruppen und Seminarteilnehmern sollte der Erfolg weniger im Vergleich mit anderen gemessen werden, sondern an der eigenen Entwicklung.

Beispiel – Verlauf

Auf dem Boden liegen Moderationswolken oder Schilder mit folgenden Sätzen:
„Welche Erfolge hattest du in deinem Leben? Schreibe mindestens 5 auf.“

Wenn die Teilnehmer entsprechend viele Erfolge notiert haben, wählt jeder ein Beispiel aus. Damit geht er weiter, wobei jeder im individuellen Rhythmus die Stationen entlanggeht und die entsprechenden Stichworte notiert.

1. Was machte den Erfolg aus? Worin bestand der Erfolg?
2. Was hat dich motiviert, das zu tun?
3. Was hast du dafür getan, um Erfolg zu haben?
4. Was hat dich bei deinem Vorhaben unterstützt?
   - Umstände/Situationen
   - Menschen
   - eigene Fähigkeiten/Stärken/Ressourcen
5. Was hat dich evtl. beeinträchtigt?
6. Wie hast du es überwunden?

Weiterarbeit in kleinen Gruppen

Die Teilnehmer können sich anschließend zu folgenden Punkten in Kleingruppen austauschen (die Sie auf ein Flipchart notiert haben:)

Wenn es um die eigenen Erfolge und Erkenntnisse geht:
Erste Erkenntnisse (auf eigene Erfolge bezogen), die Frage: „Habe ich bestimmte Grundstrukturen entdeckt, bestimmte Verhaltensweisen oder Umstände, die jedes Mal eine Rolle spielten, oder war es sehr unterschiedlich? Wenn es wiederkehrende Merkmale gab, kann ich diese Erkenntnis für folgende Projekte nutzen, die ich erfolgreich durchführen will?“

Wenn Sie Teilnehmer haben, die zu diesem Thema später mit anderen Menschen arbeiten wollen:
Sammeln Sie erste Ideen, wie die Methode (vielleicht in veränderter Form) auf die eigenen Teilnehmer zu übertragen ist, und stellen Sie die Frage: „Was ist wohl der Sinn der Übung?“

42 Zwei Perspektiven (nach Stephan Rude)

Zur Methode

Sie kann bei einem Thema eingesetzt werden, mit dem sich die Teilnehmer schon lange beschäftigt haben und wo es um einen vertieften Austausch geht, oder auch als Einstieg in ein Thema, um sich erste Gedanken dazu zu machen.

Verlauf

Auf dem Boden liegen Karten mit Fragen oder Stichworten zum Thema. Zum Beispiel: „Was macht einen guten Trainer aus?“ oder „Was sind wichtige Aspekte von Kundenfreundlichkeit?“ oder „Was macht eine gute Kommunikation aus?“ Die Fragen können einen Meinungsaustausch anregen oder sich auf das konkrete Verhalten der Teilnehmer beziehen. Dann geht es mehr um Eigenreflexion und das Kennenlernen anderer Verhaltens- und Sichtweisen.

Die Teilnehmer tun sich zu Paaren zusammen, verschaffen sich einen Überblick über die Karten und wählen dann einige aus, über die sie sich genauer austauschen wollen. Dazu stellen sie sich neben die jeweilige Karte und sprechen darüber, wie sie den Punkt handhaben und sehen.

Weiterarbeit Wie schon bei den vorherigen Methoden kann noch ein Austausch in der Gesamtgruppe stattfinden oder nur noch über die Punkte gesprochen werden, welche die Teilnehmer besonders interessiert.

Beispiel

Thema: Methoden aus der Suggestopädie

Verlauf

Auf dem Boden liegen Karten mit Stichworten (Beispiele):

Centering	**Aktiv-Konzept**	**Integration**
Passiv-Konzept	**Energieaufbau**	**Erarbeitungs-phase**
	Lernspiele	

A und B gehen von Karte zu Karte und tauschen sich darüber aus:

- Wie geht es mir damit als Trainer?
- Wie ging es dir damit während der Ausbildung als Teilnehmer?

Im Plenum kann noch ein strukturierter Austausch folgen, zum Beispiel zu den Fragen:

- Was hat uns beschäftigt?
- Was ist mir klar geworden?

Ihre Trainer-Aufgabe *Sammeln Sie verschiedene Fragestellungen zum Thema des Trainings und schreiben Sie diese auf Karten.*

43 Mindmap auf dem Boden

Zur Methode

Den meisten Trainern ist inzwischen wohl die Methode des Mindmaps bekannt, wenn auch vielleicht nicht in allen Schattierungen und Varianten. Da ich hierzu ein sehr ausführliches Kapitel in meinem Buch „Leichter lernen mit Spaß" geschrieben habe und mich nicht wiederholen möchte, verweise ich Sie darauf, falls Sie noch keine Ahnung von dieser Methode haben. Ansonsten sind Sie in diesem Buch schon Mindmaps begegnet, so dass Sie das Grundprinzip wahrscheinlich ohnehin schon verstanden haben. Das genügt, um die folgenden Varianten zu verstehen und anwenden zu können.

Hier möchte ich nur bemerken, dass es für mich die revolutionärste, wichtigste und komplexeste Methode ist, die ich je kennen gelernt habe, und die ich in allen möglichen und unmöglichen Situationen anwende. Ich meine es ernst. Viele kennen nur eine oder wenige Anwendungsbereiche der Methode und wenden sie von daher selten an. Ich lerne aber immer wieder – unter anderem durch meine Teilnehmer in Seminaren oder bei der Beratung – neue Anwendungsmöglichkeiten und Varianten kennen. Ob ich etwas plane oder strukturiere, ausarbeite, darstelle oder präsentiere – es geschieht in Mindmap-Form. In der letzten Zeit habe ich diese Methode verstärkt zur Problemlösung und Entscheidungsfindung genutzt und damit noch ganz andere Tiefen entdeckt als zuvor.

Mindmap auf dem Boden

Die einzelnen Stichworte stehen auf Moderationskarten, die in Mindmap-Form auf den Boden gelegt werden. Sie können beschriftete Mindmap-Bestandteile an die Teilnehmer verteilen und sie die Punkte richtig legen und zuordnen lassen. Sie können die Teilnehmer selbst ein Mindmap entwickeln lassen. Damit kann das Verständnis der Teilnehmer zu einem Thema überprüft werden, Lernstoff wiederholt werden und Lernen in Bewegung (für kinästhetische Lerner) impliziert werden, eine aktive Beschäftigung mit den Inhalten. Wachheit und Konzentration werden gefördert, die Kreativität der Teilnehmer wird angeregt.

Ich stelle Ihnen für beide Varianten ein konkretes Beispiel vor.

Beispiel

Mindmap als Lernkontrolle zuordnen

„Das Unbewusste"

Nachdem die Teilnehmer in das Thema „Die Kraft der Vorstellung" mit einer „Vorführung" (siehe Nr. 30), einem Experiment und einem Lernkonzert (siehe Nr. 31) eingeführt wurden, geht es jetzt darum, das Gelernte zu verfestigen und zu wiederholen.

1. Die Teilnehmer ziehen blind eine Moderationskarte (alle in Orange), auf der ein Aspekt des zu legenden Mindmaps steht.
2. Auf dem Boden liegt die Grundstruktur des Mindmaps. In der Mitte das Thema „Das Unbewusste", drumherum die Oberpunkte in vier verschiedenen Farben. Blau für „Vorstellungskraft", gelb für „Vegetatives Nervensystem", rot für „Gefühle", gelb für „Erinnerung".
3. Die Teilnehmer sollen jetzt ihre Karte dem jeweiligen Oberbegriff zuordnen und daneben stehen bleiben.

Die Zuordnung wird nacheinander überprüft und mit der ganzen Gruppe abgeklärt: „Liegt die Karte da richtig?" Wenn ja, bekommt der Teilnehmer die gleiche Karte in der entsprechenden Farbe und tauscht sie mit der orangefarbigen aus. Das heißt, er legt z. B. die blaue Karte zu dem blauen Oberbegriff und nimmt die orange Karte wieder an sich.

4. Diese orangefarbene Karte behält jeder, aber so, dass niemand anderer die Aufschrift sehen kann. Sie können die Karten auch einsammeln, und jeder merkt sich seinen Begriff.

Symbol und Bewegung

Jeder erhält nun die Aufgabe, zu seinem Begriff zum einen ein Symbol auf eine Moderationskarte zu zeichnen und zum Zweiten eine Bewegung dazu zu erfinden. (siehe Bewegungs-Lernen, Nr. 45).

5. Alle stehen in einem Kreis. Einer der Teilnehmer beginnt, zeigt sein Symbol. (Sie bitten Ihre Teilnehmer, in dieser Phase noch nichts zu sagen, auch wenn sie schon eine Vermutung haben). Dann führt er seine Bewegung vor, die dann auch alle Teilnehmer mitmachen. Erst danach dürfen die Teilnehmer raten, um welchen Begriff es sich handelt. Das Symbol wird dem Mindmap auf dem Boden zugeordnet. Das geht so lange, bis alle Teilnehmer dran waren und zu jedem Begriff ein Symbol auf dem Boden liegt.

Beispiel

Mindmap gemeinsam entwickeln

> **„Qualität in der Weiterbildung":**
>
> Dieser Form begegnete ich bei meinem Kollegen Ralf Besser auf folgendem Seminar: „Qualität in der Weiterbildung".
> Die Teilnehmer bekommen die Aufgabe, Aspekte zum aktuellen Thema auf Moderationskarten zu schreiben, pro Aspekt eine Karte. Die Berge von Karten werden auf den Boden gelegt und gemeinsam wird nun versucht, eine Struktur in das Chaos zu bringen. (Das hängt natürlich auch ein wenig von der Gruppengröße ab, ob sich alle beteiligen können.) Dabei ergeben sich oft auch zumindest einige interessante gruppendynamische Beobachtungen, wer was tut oder nicht tut.) Dann werden Cluster gebildet. Im nächsten Schritt werden dazu Oberbegriffe gesucht, auf anders farbige größere Karten geschrieben und so ein Mindmap auf dem Boden entwickelt. Es geht aber noch weiter: Nun sucht sich jeder einen Punkt heraus, der für ihn am wichtigsten ist (für Qualität oder für Motivation oder was auch immer das Thema ist) und stellt sich mit den Füßen darauf. So bezieht jeder im wörtlichen Sinne seinen Standpunkt.
> Anschließend sucht sich jeder einen Partner, der in der Nähe steht, und beginnt mit ihm eine Diskussion darüber, warum sein Punkt wichtig ist.

44 Gruppen-Mindmap

Zur Methode

In den Arbeitsgruppen werden Ideen zusammengetragen, indem gemeinsam ein Mindmap erstellt wird. Hierbei entsteht der Effekt wie beim klassischen Brainstorming: Jeder wird durch die Ideen des anderen zu weiteren Ideen angeregt. Ich stelle Ihnen zwei unterschiedliche Formen von Gruppen-Mindmaps vor.

Verlauf
Variante A

Diese Varianten haben Sie schon beim Thema „Seminarerwartungen" kennen gelernt (Nr. 17). Sie können sie aber auch bei jedem anderen Thema einsetzen, zu dem Anregungen und Ideen gesammelt werden sollen.

Nun gibt es mehrere Gruppen: Jede Gruppe bekommt einen Flipchart-Bogen, das Thema oder die Frage steht in der Mitte, wobei jede Gruppe einen anderen Aspekt des Themas hat. Die Teilnehmer der Gruppe nennen Ideen, die in Mindmap-Form aufgeschrieben werden. Dazu bestimmen sie jeweils einen aus der Gruppe. Nach einer bestimmten Zeit (3 – 5 Minuten) werden die Bögen an die nächste Gruppe weitergegeben, die nun ergänzende Ideen hinzufügt. Das Weiterreichen geschieht so lange, bis alle Flipcharts einmal bei jeder Gruppe waren.

Beispiele

- „Welche Konzentrationstechniken (oder Methoden) kennt ihr?"
- „Welche Konzentrationstechniken wendet ihr an?"
- „Wo gibt es Schwierigkeiten?"
- „Wozu möchtet ihr Hilfen oder Anregungen? Was möchtet ihr kennen lernen?"

Variante B Den Teilnehmern der Arbeitsgruppe liegt das gleiche Thema vor. Jeder hat nun ein großes DIN-A5-Blatt vor sich liegen und beginnt ein Mindmap zum gemeinsamen Thema.

Beispiele

- „Wie kann ich meine Zeitplanung und Arbeitsorganisation besser gestalten?"
- „Wie kann ich Seminarteilnehmer dazu motivieren, sich auf ungewöhnliche Methoden wie Spiele und Entspannungsübungen einzulassen?"

Die erste Phase sollte die längste sein, damit jeder Zeit hat, alle Ideen zu notieren. Dann gibt jeder das Blatt an seinen linken Nachbarn weiter und ergänzt das vorliegende Mindmap. Nach einer bestimmten Zeit (ca. 3 – 5 Minuten) werden die Blätter wieder nach links weitergegeben. Das geschieht so lange, bis jeder sein Ursprungsblatt wieder vor sich liegen hat. Die Gruppen sollten daher nicht zu groß (bis zu 5 Teilnehmern) sein, da sich die Übung sonst zu lange hinzieht und sich mit der Zeit auch wiederholt.

Mögliche Weiterarbeit

Einzeln

Jeder ergänzt sein Mindmap, da ihm inzwischen durch die anderen Mindmaps noch mehr Ideen gekommen sind als zu Beginn. Die Teilnehmer können eine erste Sortierung vornehmen, zum Beispiel mit Textmarker kennzeichnen:

„Welche Ideen gefallen mir, welche muss ich noch weiter bearbeiten/bedenken?“(grün)
„Welche Ideen möchte ich umsetzen?“ (rot)
„Welche Ideen sind vielleicht jetzt noch nicht umsetzbar, welche möchte ich aber im Auge behalten?“ (orange)
„Worüber möchte ich mich mit anderen noch austauschen und weitere Tipps einholen?“ (blau)

Mit dieser Grundlage können die Teilnehmer dann zu Hause oder im Seminar weiterarbeiten. Zu Punkt 1 arbeitet erst jeder Einzelne alleine weiter. Dies kann fortgesetzt werden mit Punkt 3. Zu Punkt 2 wird ein konkreter Aktionsplan entwickelt: „Was mache ich wann, wie und in welcher Reihenfolge … “ Zu Punkt 4 sucht sich jeder interessierte Austauschpartner und bildet eventuell eine neue AG.

In der Gruppe

In der Gruppe wird nun ein gemeinsames Big Map erstellt, auf dem die Ergebnisse der einzelnen Mindmaps gesammelt werden. Das macht vor allem dann Sinn, wenn es nicht um ein persönliches Thema geht, sondern um die Planung eines gemeinsamen Projekts oder Themas, das im Beruf umgesetzt werden soll. Erst recht dann, wenn es ein reales Arbeitsteam ist, das damit dann weiterarbeitet. Dazu müssen zuerst gemeinsame Oberpunkte entwickelt werden, die sich in den einzelnen Mindmaps unterscheiden, da jeder eine andere Herangehensweise an das Thema hatte. Das bewirkt ja auch die Vielfalt der Ideen, die durch diese Methode gefördert wird. So können im Big Map verschiedene Ebenen Berücksichtigung finden. Ein Teilnehmer hat vielleicht vor allem praktische Aspekte des Themas gesehen, ein zweiter konzentriert sich mehr auf offene Fragen und Schwierigkeiten, und ein dritter beleuchtet die Gefühlsebene. Das Entwickeln der gemeinsamen Oberpunkte bewirkt schon eine intensive Diskussion über das Verständnis des Themas und ist somit mehr als nur ein praktisches Zusammentragen des Geschriebenen. Das Big Map wird anschließend im Plenum der Gesamtgruppe präsentiert.

45 Bewegungs-Lernen

Zur Methode *Diese Methode ist sehr ungewöhnlich, meiner Meinung nach aber sehr wirkungsvoll, auch für Lerner, die nicht hauptsächlich kinästhetisch sind. Ich habe sie bei meiner Suggestopädie-Ausbildung kennen gelernt, begegnete ihr dann später bei der M.A.S.T.E.R.-Methode unter dem Namen „Boogy" wieder. Carmen Thomas nennt sie „Movitation". (Wieder einmal ein Beispiel dafür, dass an verschiedenen Plätzen ähnliche Dinge entwickelt werden und sich nicht immer so eindeutig zuordnen lässt, wo nun der Ursprung liegt).*

Sie können diese Methode als Einführung in ein Thema (Beispiel: „Motivation"), als Vertiefung eines Themas (Beispiel: „Prüfungsangst") oder als Hilfe, einen Stoff leichter zu lernen (Beispiele „Bewerbung") nutzen, was aber bei allen Beispielen intendiert ist. Manchmal nutze ich sie auch als Energieaufbau-Übung, die mit dem Seminarthema in Verbindung steht. (Beispiel: Zeitmanagement, Chinesischer Morgengruß).
Unter diese Kategorie passt auch das Beispiel „Namenskette" (Nr. 6) aus dem Kapitel „Kennenlernen". Sie haben ein Liste von Begriffen, Handlungen, Arbeitsabläufen, Versicherungsbedingungen einer Haftpflichtversicherung oder Ähnliches, die Ihre Teilnehmer lernen sollen. Statt ihnen nun die abstrakten Wörter vorzusetzen, verbinden Sie jeden Begriff mit einer ausdrucksstarken Körperbewegung, die alle gemeinsam ausführen werden. Diese Körperbewegung wird meistens das illustrieren, was der Begriff aussagt. Sie dient somit als Lern- und Merkhilfe ebenso wie zur Wiedererinnerung.

Verlauf Alle stehen im Kreis, Sie machen die erste Bewegung vor und sprechen dazu, zum Beispiel „Selbst in Aktion sein". Die Teilnehmer wiederholen Sprechen und Bewegung. Dann machen

Sie die zweite Bewegung vor usw. Nach dem dritten Punkt beginnen Sie wieder von vorne und wiederholen alle bisherigen Punkte. Das heißt, Sie führen jeweils drei neue Aspekte ein und wiederholen dann alle bisherigen zusammen. So schleifen sich die Begriffe sehr schnell ein und werden gelernt, gleichzeitig werden die Teilnehmer durch die Bewegung wach und munter – abgesehen davon, dass sie es zum Teil vielleicht auch spaßig finden (was beabsichtigt ist) und dabei lachen.

1. Beispiel

Motivatoren*

Text	**Bewegungen**
1. Selbst in Aktion sein	Laufbewegungen mit angewinkelten Armen
2. Vorbildern zuschauen	Bilderrahmen mit Zeigefinger der rechten und linken Hand zeichnen
3. Vergangene Ereignisse	Sich nach hinten drehen und schauen, ohne die Füße zu verstellen
4. Zukunftsperspektive	Beide Arme mit offenen Händen nach vorne strecken
5. Identifikation mit dem Sinn der Aufgabe	Beide Hände auf den Kopf legen
6. Wohlgefühl während des Ereignisses	Sich selbst umarmen und hin und her wiegen
7. Wettkampf-/ Rekord-orientiert	Boxbewegungen
8. Allein arbeiten	Mit der einen Hand auf sich zeigen und einen Finger der anderen Hand hochhalten

* (Motivatorenliste nach A. Christiani)

9. Companionship	Sich bei dem Nachbarn einhaken
10. Äußere Faktoren	Mit den Handflächen nach außen zeigen und den Raum um sich herum abstecken
11. Anerkennung	Sich selbst auf die Schulter klopfen
12. Sach-Feedback	So tun, als ob man seinen Jackenärmel o. Ä. isst
13. Herausforderung	Arme in die Hüfte stemmen, Bein vor, geschwellte Brust
14. Gute Vorbereitung	Mit den Fingern abzählen (eins, zwei, drei…)

2. Beispiel

Zeitmanagement – Selbstmanagement

Text	**Bewegungen**
1. Pareto-Prinzip 20 % bewirken 80 % vom Ergebnis	 *In die Knie gehen* *Aufrichten*
2. ABC-Analyse **A**-Aufgabe: drängende Probleme	**Kinder-Zeichensprache** *Drängelbewegungen mit Ellenbogen*
B-Aufgabe: langfristige Planungen Ergebnisse, Beziehungsarbeit	*Mit der rechten Hand nach vorne zeigen, linke Hand über's Auge* *Hände zusammenklatschen wie beim türkischen „bitti" = fertig* *Beim Nachbarn einhaken*
C-Aufgabe: Anrufe, Post etc.	*Telefonieren*
D-Aufgabe: Papierkorb	*Etwas aus den Händen fallen lassen*

3. ALPEN-Methode • Aufgaben auflisten • Länge der Aktivität bestimmen: • Pufferzeiten einplanen • Entscheidungen über Prioritäten • Nachkontrolle	*Kletter-Bewegungen* *1., 2., 3. mit Finger* *Arme weit auseinander* *Boxbewegungen* *Finger an Kopf, Denkposition* *nach hinten drehen*
4. 4 Quadranten	*Arme überkreuzt*
5. aktive und reaktive Aufgaben	*Wie beim Walken gehen* *Arme nach vorne, Handflächen nach oben*
6. Störfaktoren beseitigen	*Um sich schlagen, abwehren*
7. Zeitdiebe stoppen	*Gebückt schleichen, Uhr über dem Rücken*
8. Aktivitäten – Checkliste oder Mindmap	*Häkchen in die Luft malen (oder auf dem Rücken des Nachbarn)* *Arme in alle Richtungen halten*
9. Ziele formulieren	*Bogenschütze*
10. Rollenhüte definieren	*Hut aufsetzen*
11. Werte und Visionen	*Hand auf's Herz und dann Hand über's Auge halten und in die Ferne schauen*
Sprüche: „In der Ruhe liegt die Kraft"	 *Augen zu, schlapp nach hinten hängen, dann Muskeln zeigen*

„Auch die längste Reise beginnt mit dem ersten Schritt"	*In die Ferne schauen und zeigen, einen Schritt tun*
„Ihr habt die Uhren, wir haben die Zeit"	*Auf die anderen zeigen und auf die Uhr* *Arme verschränken, zurücklehnen, zufrieden grinsen*
„Morgenstund hat Gold im Mund"	*Mit vollem Mund kauen*
„Wenn du es eilig hast, gehe langsam"	*Durch den Raum rasen, dann langsam schleichen*

3. Beispiel

Prüfungsangst

In diesem Abschnitt beschäftigen wir uns mit dem Thema „Aspekte von Prüfungsangst".
Es hat sich immer wieder gezeigt, dass Lehrer zum Beispiel in meinen Seminaren davon keine genaue Vorstellung hatten, sondern glaubten, die Form von Angst, die sie selber kannten, sei die allgemein übliche. Sie waren daher ganz erstaunt, welche Varianten es sonst noch so gibt. Manche denken auch, die Prüfungsangst beziehe sich nur auf die Prüfungssituation selber. Auch hier ist es wichtig zu erkennen (damit man vorbeugend daran arbeiten kann), dass Prüfungsangst auch Auswirkungen auf das Lernen vor der Prüfung haben kann.

Verlauf

Die Teilnehmer stehen im Kreis. Ich lege nacheinander Moderationswolken in den Kreis, auf denen jeweils ein Aspekt von Prüfungsangst steht. Ich erläutere kurz, was damit gemeint ist. (Gleichzeitig hängt auch ein Poster an der Wand, auf dem alle Aspekte mit Erläuterungen stehen).

Dann bitte ich die Teilnehmer, sich dem Schild zuzuordnen, das ihre Form von Prüfungsangst darstellt (falls sie welche haben) oder welches ihnen von ihren Schülern her am vertrautesten ist. In den so entstandenen Arbeitsgruppen entwickeln die Teilnehmer Ideen, wie dieser Aspekt von Prüfungsangst zu bearbeiten bzw. zu verhindern ist. Es schließt sich die Aufgabe an, zu ihrem Aspekt zwei Körperbewegungen mit einem entsprechenden Satz zu entwickeln, die 1.) den Aspekt der Angst darstellen, 2) die Auflösung. Das Ganze ist natürlich karikiert und übertrieben – aber Lachen an sich ist schon eine gute Therapie gegen Angst.

1. Angst vor Lernschwierigkeiten vor der Prüfung
negativ: „Ach, so ein großer Berg" – mit den Armen zeigen
positiv: „Viele kleine überschaubare Päckchen" – mit den Händen zeigen

2. Angst, in der Prüfungssituation zu versagen
negativ: „Ich bekomme nichts raus!" – und dabei am ganzen Körper zittern
positiv: zurücklehnen, atmen und mit der Hand winken: „Jetzt komm mit deiner Frage!"

3. Angst vor dem Prüfer
negativ: Hand erschrocken vor den Mund halten: „Ausgerechnet der!!"
positiv: aufrichten, groß werden: „Ist ja auch nur ein Mensch!"

4. Furcht vor beruflichen Nachteilen bei Nichtbestehen
negativ: Arme nach oben: „Was mach' ich jetzt bloß?"
positiv: „Wenn ich nicht das mache … dann mache ich das … " – und dabei erst die eine Hand offen nach links ausstrecken, dann die rechte Hand

5. Furcht vor Blamage oder Zurückweisung
negativ: den Rücken gebeugt halten, Kopf hängen lassen und hinter den Armen verstecken: „Was denken jetzt alle von mir?"
positiv: aufgerichtet sein: „Ich schaue jedem selbstbewusst ins Gesicht."

6. Furcht vor Verlust der Selbstachtung
negativ: in die Hocke gehen, ganz klein zusammen krümmen: „Ich bin so schlecht, ich bin so klein"
positiv: aufstehen, die Arme ausbreiten (oder die anderen umarmen): „Ich bin ein liebenswerter Mensch."

7. Angst vor den Konsequenzen einer bestandenen Prüfung
negativ: ganz starre Haltung im Stehen, Arme eng an den Körper gepresst: „Bloß keine Veränderung!“
positiv: selbstbewusst durch den Raum gehen oder stampfen: „Ich nehme mein Leben jetzt selbst in die Hand!“

Die Sätze und Bewegungen zu jedem Aspekt werden vorgestellt und dann von allen gemeinsam ausgeführt.

4. Beispiel

Bewerbungstraining

Text	**Bewegungen**
1. Selbstsicheres Auftreten	Aufrichten und Arme in die Hüften stemmen
2. Eigene Vorstellungen von der Arbeit	Finger an den Kopf legen
3. Outfit	Weste/Jacke o. Ä. anfassen
4. Positive Ausstrahlung	Die Arme ausbreiten und strahlen
5. Fragen zur Arbeit stellen	Fragezeichen in die Luft malen
6. Interesse zeigen	Hände hinter die Ohren halten und Augen aufreißen
7. Augenkontakt halten	Peace-Zeichen erst auf die eigenen Augen machen, dann gegenüber
8. Zukunftsperspektive	Hand über die Augenbrauen halten (Indianerblick)
9. Gehaltsvorstellungen	Money-Zeichen

5. Beispiel

Chinesischer Morgengruß und Zeitmanagement

Dies ist ein umgekehrtes Beispiel, denn der chinesische Morgengruß ist ohnehin eine Bewegungsübung mit Text, die ich einmal von einer Teilnehmerin lernte. Nun habe ich die Worte durch einen Text zum Thema „Zeitmanagement" ergänzt, was den humorigen Anteil der Übung noch verstärkt. Ich nehme an, dass die Übung ursprünglich für Kinder gedacht ist.

Chinesischer Morgengruß

Ursprungs-Text	**Bewegung**
„Ah, die Sonne geht auf …"	mit Handflächen nach außen, Arme von innen nach außen öffnen
„Ich öffne das Fenster"	pantomimisch
„… und schaue mich um."	Hand an die Stirn, nach rechts und links schauen
„Zwischen Himmel und Erde"	Arme nach oben strecken und nach unten den Boden berühren
„Ich"	Hände auf die Brust
Feuer und Wasser	Arme nach oben halten – und Wellenbewegungen vollführen
„Ich nehme mir, was ich brauche."	einsammelnde Bewegung zur Körpermitte hin
„Es ist genug von allem da."	„" s. o.
„Ich mische es"	über den Bauch streichen mit runden Bewegungen
„Ein kleiner Rest für die Blumen"	mit den Händen und Fingern ausgießen

„Der Lotos blüht auf."	Hände vor der Brust gefaltet, nach oben aufsteigen und öffnen
„Ich umarme meinen Tiger … "	Schritt nach vorn machen, sich selbst umarmen und „khach" fauchen
„ … und kehre zurück zum Berg."	Handspitzen berühren sich über dem Kopf, Arme nach außen und unten, mit gefalteten Händen vor der Brust enden.

Veränderter / ergänzter Text (Bewegung wie oben)

- „Ah – die Sonne geht auf und ein neuer Tag fängt an … "
- Ich öffne das Fenster / und schaue, welche Aufgaben heute anstehen
- Zwischen großen und kleinen Aufgaben (zwischen Himmel und Erde) (auf Zehenspitzen und in die Hocke gehen)
- ich
- ich sammle alle, die für mich sind, (ich nehme mir, was ich brauche)
- und schreibe sie auf (ich mische es)
- einige kommen gleich in den Papierkorb (ein kleiner Rest für die Blumen)
- ich fange mit einer A-Aufgabe an (der Lotos blüht auf)
- und verjage die Zeitfresser (und umarme meinen Tiger)
- und beende zufrieden den Tag! (und kehre zurück zum Berg)

Ihre Trainer-Aufgabe

Überlegen Sie, welche Fakten Ihre Teilnehmer in Ihrem Training lernen müssen. Nehmen Sie sich die Liste der Fakten oder Begriffe vor, stehen Sie auf und sagen Sie den Begriff laut. Lassen Sie Ihren Körper eine Bewegung dazu entwickeln. Wichtig ist, dass sich die verschiedenen Bewegungen sehr voneinander unterscheiden, dass sie möglichst auch nicht nur auf Hände und Arme beschränkt bleiben, sondern den ganzen Körper in allen möglichen Drehungen, Beugungen und Dehnungen mit einbeziehen. Damit ist es noch eine kleine körperliche Auflockerung. So habe ich meine Bewegungen zu den „Motivatoren" auch einmal als Morgenaktivierung eingesetzt, was auf große Begeisterung der Teilnehmer stieß.

Notieren Sie sich die Bewegungen und probieren Sie diese noch einmal hintereinander aus. Schauen Sie, ob die Bewegungen unterschiedlich genug sind und ob es Ihnen Spaß macht!

Wenn Sie dies zum ersten Mal im Seminar einsetzen, müssen Sie vielleicht auf Ihren Spickzettel gucken. Sie können das ruhig ganz öffentlich machen, mit der Zeit können Sie es dann auswändig.

46 Karten im Raum

Zur Methode

Bei diesem Beispiel (zum Thema Motivation) sind schon einige Übungen vorausgegangen: Die Teilnehmer haben einen Test ausgefüllt, um ihre persönlichen Motivatoren herauszufinden, und sie haben sie mit der vorherigen Übung Nr. 45 (Bewegungs-Lernen) auswendig gelernt.

Nun geht es darum, sich mit den Aspekten der Motivation auseinander zu setzen und sich darüber mit anderen auszutauschen. Natürlich können Sie diese Methode zu ganz anderen Themen einsetzen und auch ohne die hier genannten Vorübungen. Sie ist ebenso als Einstieg denkbar wie in anderen Phasen. Sie ist sicher auch dann sinnvoll, wenn die Teilnehmer lange ruhig gesessen haben und passiv waren. Hier können Sie noch einmal aufstehen und sich austauschen. Falls diese Phase länger dauert, können sich die so gefundenen Gruppen natürlich auch für den Austausch wieder hinsetzen.

Verlauf

Sie hängen Karten an die Wand, auf deren Vorderseite die Motivatoren stehen. Die Teilnehmer sollen sich dem Aspekt zuordnen, der bei ihnen (laut Test oder Vermutung) an erster Stelle steht. Wenn einige Aspekte gleich viele Punkte haben, suchen sie sich den aus, über den sie sich am liebsten austauschen möchten.

Die Gruppen sollten in etwa gleich groß sein, zwischen 2 und 4 Teilnehmern. Als Einstieg in das Gespräch können sie die Rückseite der Karte lesen (siehe Kasten). In den Gruppen werden folgende Punkte bearbeitet: Jeder erzählt Beispiele und es werden erste Überlegungen angestellt, wie man den Motivator bewusst bei zukünftigen Vorhaben nutzen kann.

Mögliche Weiterarbeit

Jeder sucht ein zukünftiges Vorhaben aus (also etwas, das er immer schon tun wollte oder sollte, aber bisher noch nicht umgesetzt hat). Nun wird überprüft: Spielen die Motivatoren hier eine Rolle? Was kann der Einzelne tun, um die Motivatoren zu verstärken? Anschließend findet ein Austausch zu zweit (3 – 5 Minuten) statt.

Verbindung zum Gruppen-Mindmap herstellen

Falls Sie zu Beginn des Seminars die Übung Nr. 44 durchgeführt haben, können Sie nun den Teilnehmern folgende Aufgabe geben: Je drei bis vier Teilnehmer nehmen sich ein Flipchart vor und suchen die Motivatoren, die dort, zum Teil indirekt, angesprochen werden, und ergänzen diese mit einem andersfarbigen Filzstift.

Beispiel

Auf dem Flipchart steht u.a.: „Die Azubis sind demotiviert, wenn sie … "

a) kein Interesse am Thema haben und sich langweilen
b) überfordert sind
c) keine Perspektive sehen.

Hier werden folgende Motivatoren angesprochen:

a) 6 – Wohlgefühl während des Ereignisses – dieser Motivator fehlt
b) 13 – Herausforderung: Dies ist für den Azubi kein Motivator, sondern hinderlich
c) hier fehlen 5 – Identifikation mit dem Sinn der Aufgabe und 4 – Zukunftsperspektive.

Karten	**Vor- und Rückseiten**
1. Selbst in Aktion sein	Beim Tun eigene Talente und Fähigkeiten lustvoll erleben
2. Vorbildern zuschauen	Anderen zuschauen können/dadurch inspiriert oder angespornt werden

3. Vergangene Ereignisse	Erfolg: „Das habe ich schon einmal geschafft …" Misserfolg: „Diesmal schaffe ich es!"
4. Zukunftsperspektive	Ist bereit, hart zu arbeiten oder für Künftiges auf etwas zu verzichten
5. Identifikation mit dem Sinn der Aufgabe	Will etwas Sinnvolles/Wertvolles tun
6. Wohlgefühl während des Ereignisses	Ist bei Wettkampf-Stress in Höchstform oder wenn er sich ruhig und sicher fühlt
7. Wettkampf-/ Rekord-orientiert	Der Wunsch, Erster zu sein; andere (oder sich selbst) zu übertreffen
8. Allein arbeiten	Will selbst verantwortlich sein
9. Companionship	Aktivierbarkeit und Motivierbarkeit durch gemeinsames Arbeiten
10. Äußere Faktoren	Motivierend können sein: Zuschauer, Anwesenheit von wichtigen Menschen, Arbeitsgeräte, Lieblingsgarderobe o. a.
11. Anerkennung	Erwartung von Anerkennung für eine gute Leistung (ist schon wichtig während der Leistungserbringung)
12. Sach-Feedback	Ist das Ergebnis der Leistung direkt sichtbar?
13. Herausforderung	Wird stark motiviert durch Schwierigkeiten, Nachteile, Geringschätzung etc. (nach dem Motto: „Jetzt erst recht!")
14. Gute Vorbereitung	Vermittelt ein zusätzliches Sicherheitsgefühl und trägt zum Erfolg bei

Arbeitsgruppen

47 Tauschbörse (TEP)

Zur Methode

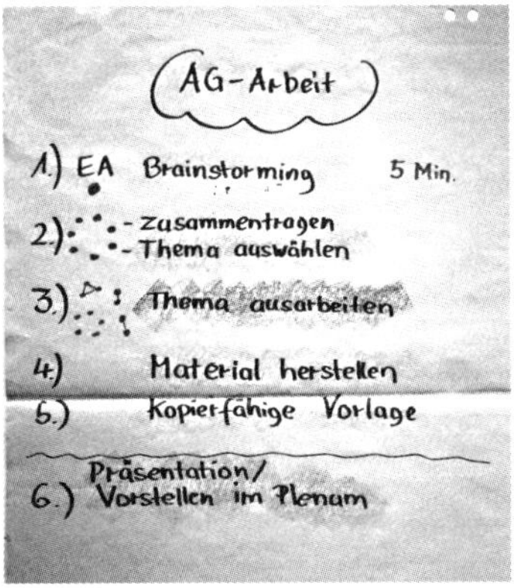

Bei der Bearbeitung eines Themas, zu dem die Teilnehmer schon eigene Kenntnisse und Erfahrungen haben, kann diese Methode sehr fruchtbar sein. Die Teilnehmer können sich über ihre Erfahrungen austauschen und bekommen zusätzlich noch viele neue Anregungen, die in der Praxis erprobt sind und die sie in ihrem Berufsalltag nutzen können. Ihre Arbeit als Trainer findet hier vor allem vor dem Seminar statt, im Seminar werden hauptsächlich die Teilnehmer aktiv.

Beispiel

Thema Seminarmethoden

Verlauf

1) Jeder Teilnehmer erhält 4 leere Karten, auf jede Karte schreibt er einen Tipp, eine Seminarmethode, die er gut findet.
2) Sie haben 50 Karten vorbereitet, die offen auf einen Tisch oder auf den Boden gelegt werden. Die Teilnehmer legen ihre beschrifteten Karten dazu und dürfen sich dafür drei vorbereitete Karten nehmen, mit Methoden oder Tipps, die ihnen im Moment besonders gut gefallen.
3) Jeder bringt seine drei Karten dann für sich in eine Reihenfolge: 1. die wichtigste, 2. die zweitwichtigste, 3. die drittwichtigste.
4) Alle gehen herum und jeder muss mindestens 1 Karte mit einem anderen Teilnehmer tauschen.
5) Es werden Gruppen gebildet, deren Aufgabe es ist, aus allen Karten die drei wichtigsten aussuchen. Dazu evtl. noch die negativste!

Zu den Methoden können sie sich noch einen witzigen Namen ausdenken. Die Methoden auf ihren drei Karten sollen anschließend auf kreative Art im Plenum vorgestellt werden: zum Beispiel als Rap, als Pantomime, in einem Sketch, als Poster, in einem Bild …

Mögliche Themenstellungen

- Was trägt zu einer guten Seminaratmosphäre bei?
- Was gehört zu den Aufgaben einer Seminarleitung?
- Wie kann man Lernerfolge sicherstellen?
- Gute Tipps zu Seminarmethoden

Was gehört zu den Aufgaben eines Trainers?

Hier habe ich zum Teil auch provokative oder sich widersprechende Karten dazugelegt, um eine Diskussion auszulösen. Vor allem gibt es bei diesem Thema sehr unterschiedliche Auffassungen, die bei einem Seminar diskutiert werden sollten. Die Bandbreite geht von Trainern, die den Seminarraum liebevoll mit Blumen, Randstimuli, Musik, Plakaten und entsprechender Sitzordnung (Stuhlkreis) herrichten, bis hin zu Trainern, die die Tische in U-Form stellen, sich vorne hinstellen und Overhead-Folien auflegen.

Ihre Trainer-Aufgabe

Zu dem von Ihnen gewählten Thema müssen Sie 50 Stichworte sammeln und diese auf Karten schreiben. Für die Sammlung empfehle ich Ihnen zum einen das Brainstorming Tempo 30 (siehe Nr. 37). Zum anderen können Sie sich auch Tipps holen, indem Sie einen kurzen Anruf starten und Trainer-Freunde und Kolleginnen bitten, alle Assoziationen zum Thema zu nennen. Diese schreiben Sie kommentarlos mit oder nehmen sie auf Band auf. So haben Sie schnell eine Sammlung zusammen.

48 Stolpersteine zu Steigbügeln umwandeln (TEP)

Zur Methode

Bei der Auswertungsrunde in Seminaren erlebe ich es immer wieder, dass Teilnehmer vom Seminar begeistert sind, viele Anregungen und Methoden interessant fanden, aber wenn es um die Umsetzung geht, sagen: „Aber – bei uns geht das nicht. Mit meinen Jugendlichen/meinen Mitarbeitern kann ich das nicht machen. Da gibt es die und die Schwierigkeiten.“ Daher war ich hoch erfreut, als ich dieser Methode begegnete. Sie scheint mir eine Möglichkeit zu sein, auf zum Teil berechtigte Zweifel oder Schwierigkeiten früh genug eingehen zu können und Lösungsstrategien zu erarbeiten, um doch etwas umzusetzen oder zu verändern. Dann ist ein Transfer des Gelernten aus den Seminaren sehr viel wahrscheinlicher. Der Hauptsinn einer Fortbildung oder eines Trainings ist schließlich, dass die Teilnehmer auch umsetzen, was sie erfahren und gelernt haben.

Verlaut

AG's In Arbeitsgruppen werden Hindernisse und Schwierigkeiten gesammelt, die sich bei der Umsetzung des Gelernten ergeben könnten oder welche die Teilnehmer befürchten. Diese Hindernisse können erst einmal schriftlich oder mündlich gesammelt werden. Dann werden drei der interessantesten Stolpersteine ausgewählt und auf Karten geschrieben.

Plenum Die gesamte Gruppe setzt sich in einen Kreis. Eine Kleingruppe beginnt damit, ihren ersten Stolperstein in die Mitte zu legen.

Stolpersteine in Steigbügel umwandeln Wem eine Lösung zu dem Problem einfällt, der geht in die Mitte und stellt sich auf den Stolperstein (oder setzt sich auf einen Stuhl daneben). Er nennt seine Lösung, dann kommt der Nächste. Der Fragesteller oder Betroffene notiert sich alle Vorschläge und wählt dann aus, was für ihn brauchbar und hilfreich ist. Eventuell kann er darüber noch einmal Feedback geben.

Die Übung geht weiter, bis alle Stolpersteine bearbeitet wurden und umgewandelt werden konnten. Aus meiner Erfahrung (in Seminaren mit Trainern) ist es jedes Mal verblüffend, wie schnell sehr viele brauchbare und kreative Lösungsideen entwickelt werden. Es kommt wohl auch hier das Prinzip zur Wirkung, dass einem zu den Problemen anderer Menschen aus der Entfernung viel leichter etwas einfällt, als wenn man selbst darin gefangen ist.

Varianten Eine Übung mit einem sehr ähnlichen Titel und einem etwas anderen Schwerpunkt findet sich bei Carmen Thomas: „Erfolgreich Ideen finden“. Sie heißt **Steigbügel aus Schrott – Umnutzen** und ist Bestandteil des Brainstormings (s. Nr. 30). Hier geht es um die grundsätzliche Sicht, wie sie auch in dem Yin-Yang-Symbol zum Ausdruck kommt, dass nämlich auch in dem Schwarzen noch ein heller Punkt zu finden ist und in dem Hellen schon der Keim des Dunklen. Es geht also nicht wie in der vorigen Übung um das Beseitigen von Problemen, sondern um ein Umdeuten und Uminterpretieren, also um eine neue Sicht (und das kann auch eine Lösung bringen!). Wen das genauer interessiert, der sollte in dem erwähnten Buch nachlesen, es lohnt sich in jedem Fall.

49 Kreative AG-Aufgaben

Zur Methode

Ich habe hier verschiedene Aufgaben und Aufträge für AGs unter dem Begriff „kreativ" zusammengefasst, die in unterschiedlichen Kombinationen und Formen eingesetzt werden können. Keineswegs ist es so gemeint, dass alle hier aufgeführten Vorschläge gleichzeitig zu einem Thema durchgeführt werden sollen. Es ist eine Sammlung, aus der Sie sich das Passende aussuchen. Vieles gehört zum Grundrepertoire der Suggestopädie, ist aber zum Teil auch in anderen Zusammenhängen bekannt.

Das Grundprinzip ist, dass diese Art der AG-Arbeit und vor allem auch die anschließende Präsentation sehr von den klassischen Varianten abweicht, wie ich sie zu Anfang meiner Seminarzeit kannte: nämlich, dass den AGs Arbeitsblätter oder Texte mitgegeben wurden, die sie durcharbeiteten und anschließend im Plenum referierten. Dies war für die jeweilige Arbeitsgruppe eine langweilige Wiederholung, was sich auch auf den Rest der Gruppe auswirkte. Bei diesen kreativen Methoden wird zum einen durch die Aufgabenstellung, wie die anschließende Präsentation aussehen soll, der Fokus etwas verlagert und der Zeitrahmen bewusst begrenzt. Das hilft, sich auf das Wesentliche zu beschränken. Die Zeit sollte aber auch nicht zu kurz bemessen sein, da das dann in Stress ausarten kann und somit Lust und Freude nimmt, die ja wesentlicher Bestandteil ist und auch den Sinn dieser suggestopädischen Methoden darstellt.

Verlauf

Thema Funktionen der Gehirnhälften

Bildung der Arbeitsgruppen

Beispiel

A – kurze Variante

Die Teilnehmer ordnen sich drei oder vier Ecken zu, je nachdem, wie groß die Gruppe ist und wie viele AGs sie bilden wollen: in die eine alle, die sich für Musik interessieren, in die zweite alle, die sich für Theater interessieren, und in die dritte diejenigen, die ein technisches Interesse haben. In die vierte Gruppe kommt, wer sich für Gestalterisches interessiert. Die AGs sollten in etwa gleich groß sein.

B – längere Variante (nach Dorothea Driever-Fehl)

Auf dem Boden liegen Karten, die Teilnehmer lesen sie durch und jeder wählt sich eine aus, die ihn interessiert und worauf er gerne eine Antwort hätte. Die Karten sind in unterschiedlichen Farben (für die jeweiligen AGs) gehalten. Danach finden sich die Teilnehmer in ihre AGs: die gelben zusammen, die roten usw.

Kartenaufschriften

AG 1

Wo speichern wir Informationen ab?
Was ist die Hauptaufgabe unseres Gehirns?
Was hat Hirnforschung mit Archäologie zu tun?
Was unterscheidet uns von einem Schimpansen?
Welche Aufgaben hat das Großhirn?
Wo sitzt unser Gedächtnis?

AG 2

Welcher Zusammenhang besteht zwischen Gesundheit, Emotionen und Gedächtnis?
Wie wirkt sich Stress auf die Informationsaufnahme aus?
Welche Bedeutung haben Gefühle für den Lernprozess?
Welche Bedürfnisse müssen befriedigt sein, damit man offen für Neues ist?
Was erleichtert Lernen und Erinnerung?
Wo im Gehirn werden unsere Ur-Instinkte gesteuert?

AG 3
Worin liegt der Vorteil, wenn die Fähigkeiten beider Gehirnhälften zum Lernen genutzt werden?
Die Aktivitäten welcher Gehirnhälfte hat in unserer Kultur einen höheren Stellenwert?
Warum kann man Wort in Verbindung mit Musik, Bildern oder Gefühlen leichter und schneller lernen?
Welche Bedeutung hat die Verbindung zwischen den beiden Gehirnhälften?
Wodurch unterscheiden sich die beiden Gehirnhälften?
Was sind die primären Fähigkeiten der linken und rechten Gehirnhälfte?

Die AGs bekommen unterschiedliche Texte:
1. Das Großhirn (Neocortex)
2. Hirnstamm und limbisches System
3. Zwei Gehirnhälften

Alle AGs erhalten die Aufgabe, die Texte durchzulesen und den Inhalt dann anschließend auf unterschiedliche Weise im Plenum zu präsentieren:
AG 1 entwickelt einen **Rap**
AG 2 stellt eine **Maschine** dar
AG 3 führt einen **Sketch** vor
AG 4 (Gestalterisches – aus Variante A) stellt ein **Lernposter** her

Weitere Präsentationsformen können sein:
ein Gedicht, ein Lied, ein Plakat, ein Lernposter, ein Bild, eine Geschichte, eine Fantasiereise, ein Quiz, ein Lernspiel, ein Puzzle usw.

Solche AGs können zwischen 15 und 30 Minuten dauern (alles ist möglich, wie ich erlebt habe), bei komplexeren Aufgaben können Sie aber auch 45 – 60 Minuten gewähren.

Die anschließenden Darbietungen im Plenum sind für alle Beteiligten ein großer Spaß: die kleine Aufregung bei der Präsentation und die Freude beim Zuschauen. Es ist immer wieder verblüffend, welch tollen und kreativen Ergebnisse auch in kürzester Zeit zustande kommen. Das hat den Nebeneffekt, dass die

Teilnehmer entdecken, zu welchen kreativen Leistungen sie fähig sind, wenn sie erst einmal gelassen werden …

Ihre Trainer-Aufgabe *Ihr Vorbereitungsaufwand hängt damit zusammen, welche Variante Sie wählen. Bei Variante A brauchen Sie lediglich entsprechende Texte für die AGs (sie sollten nicht zu lang sein, damit sie auch in kurzer Zeit zu lesen sind).*

Bei Variante B müssen Sie wichtige Aussagen und Schwerpunkte aus den Texten herausfiltern und diese als entsprechende Fragen – wie beim obigen Beispiel – auf bunte Karten schreiben.

50 Jeder bewegt jeden

Zur Methode *In meinen Seminaren führe ich immer wieder zwischendurch so genannte Energieaufbauübungen oder Aktivierungen durch. Wenn die Teilnehmer den ganzen Tag unbeweglich auf dem Stuhl sitzen müssen, ist das dem Lernen und der Konzentration nämlich sehr abträglich. Diese Aktivierung kann etwas mit dem Seminarthema zu tun haben, muss es aber nicht. Hauptsache ist, dass sie Spaß macht und dass auch mal gelacht wird. Wenn die Teilnehmer erst einmal ihre Spielfreude entdecken und zulassen, werden Sie immer dann wieder solche Spiele einfordern, wenn sie merken, dass ihre Konzentration nachlässt.*

Da viele meiner Seminare für Trainer und Lehrer angeboten werden, geht es auch darum, die Anleitung und Durchführung solcher Aktivitäten zu üben und Mut dazu zu entwickeln, um sie später in ihrer Arbeit auch einsetzen zu können. Durch diese Übung werden Sie als Trainer auch entlastet, da die Teilnehmer diesen Teil selbstständig übernehmen können.

Verlauf Nach dem Zufallsprinzip oder einem Gruppenaufteilungsspiel werden AGs gebildet. Jede AG denkt sich eine Körperübung oder einen Bewegungsablauf aus und übt, wie sie diese anleitet. Das können schon bekannte Übungen aus dem Yoga oder der Gymnastik sein, aber auch frei erfundene bis witzige Gelenkverrenkungen. Anschließend werden diese mit der gesamten

Gruppe durchgeführt, wenn Bedarf nach einer Körperübung angemeldet wird.

Bewegungs-Lernen (siehe Nr.45)

Variante

Die AGs bekommen den Auftrag, sich Bewegungen auszudenken, die zu einem Lernthema gehören. Dies können einzelne Bewegungen oder Gesten zu bestimmten Begriffen sein oder gar zu ganzen Abläufen.

Die Bewegungen müssen den Inhalt des Lernstoffs nicht unbedingt pantomimisch darstellen. Es genügt, wenn sie auffällig, eindrücklich und möglichst unterschiedlich sind, um das Lernen und Erinnern zu unterstützen.

51 Mehrfelder-Tafel

Zur Methode

Dies ist eine Methode aus der Moderationstechnik, die eine Struktur vorgibt, wie Themen oder Probleme in Arbeitsgruppen bearbeitet werden können. Diese bildliche Form habe ich bei Silvia Worbe kennen gelernt.

Verlauf

An einer Pinnwand hängen folgende Karten:

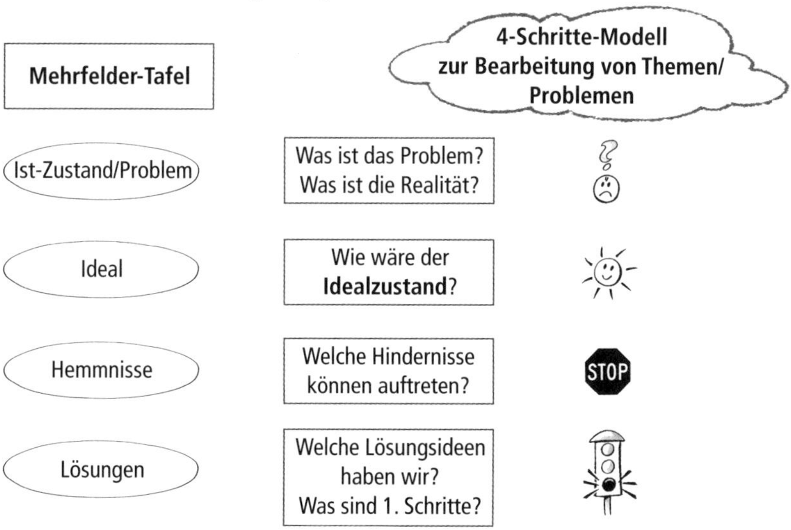

Die einzelnen Phasen können mit bestimmten Kreativitätstechniken angereichert werden, wenn man sich nicht auf das übliche Sammeln von Ideen beschränken will. So kann bei den einzelnen Punkten immer eine Phase der Einzelarbeit vorgeschaltet werden, zum Beispiel mit einem Brainstorming „Tempo 30“. Oder jeder Einzelne schreibt zu jedem Punkt drei Karten usw. Lassen Sie sich eine passende Methode einfallen oder wählen Sie einige aus den vorliegenden aus.

52 Songline-Lernstraße

Zur Methode

Als Ergänzung zur Lernstraße , wie ich sie bei der Suggestopädie kennen lernte, fiel mir diese Methode ein. Eine Lernstraße dient der Wiederholung von Lernstoff. Es werden Karten auf dem Boden ausgelegt, die eine Straße bilden, welche die Teilnehmer in ihrem Tempo durchschreiten.

Das Thema können Arbeitsabläufe sein, Kalkulationsschemata, Fachbegriffe oder Regeln – was auch immer. Ich nehme zum Beispiel das Thema „Philosophie des Yoga“: In einer Reihe liegen die „Fachbegriffe“, nämlich die Sanskrit-Begriffe, auf der anderen Seite entsprechende Bilder, die den Begriff darstellen sollen. Daneben liegen die Übersetzungen verdeckt.

Beispiele

„asana"/Bild: ein Mensch sitzt im Lotossitz/Übersetzung: „Haltung"
„pratyahara"/Bild: die drei Affen, die Augen, Ohren und Mund zuhalten/Übersetzung: „Zurückhalten der Sinne"
„brahmacarya"/Bild: ein sich küssendes Paar – durchgestrichen/Übersetzung: „Enthaltsamkeit".

Sie sehen, es kann ruhig ein wenig witzig sein. Es ist nicht immer einfach, für abstrakte Begriffe konkrete Bilder zu finden. Sie sollten keine Hemmungen haben, erfinden und zeichnen Sie Symbole.

Verlauf

Die Teilnehmer durchschreiten nun diese Lernstraße, gucken sich den ersten Begriff an und überprüfen, ob sie wissen, was er bedeutet. Wenn nicht, schauen sie nach rechts zu dem Bild. Wenn ihnen auch das nicht auf die Sprünge hilft, schauen Sie sich die „Übersetzung“ an – das dient übrigens auch der Kontrolle. So weit die normale Lernstraße.

Songline-Ergänzung

Die Begriffe oder Stationen der Lernstraße werden in der richtigen Reihenfolge in einem Lied oder in einem Tanz zusammengefasst, so dass man die Lernstraße „absingen“ oder „abtanzen“ kann.

Wenn Sie oder die Teilnehmer sich nicht berufen fühlen, selbst ein Lied zu erfinden, so können Sie auf ein bekanntes zurückgreifen und es entsprechend umtexten. Das erfordert natürlich ein wenig Arbeit, aber ich bin mir sicher, wenn eine AG eine solche „Songline“ entwickelt, sitzt der Stoff.

Tipp

Es wäre gut, wenn die entwickelten Melodien auf eine Kassette aufgenommen würden. Es fällt mir zum Beispiel nicht sehr schwer, aus dem Stegreif Melodien zu entwickeln, aber sie zu behalten ist sehr viel schwerer. Es dürfen daher auch nicht zu komplizierte Melodien sein, sondern am besten kurze rhythmische, so wie Indianerlieder oder -tänze. Passende Bewegungen ergeben sich dann fast von selbst.

53 Murmelgruppen

Zur Methode

Diese Methode ist immer und jederzeit zwischendurch in einem Seminar einsetzbar:

- *Nach einem Theorie-Input*
- *Nach der Erarbeitung eines Themas*
- *Wenn unverhoffte Fragen oder Probleme auftauchen, die Sie als Trainer nicht immer auf Anhieb beantworten bzw. lösen können oder wollen.*

Der Name „Murmelgruppen“ bedeutet, dass sich alle mit gedämpfter Stimme unterhalten. Er zeigt auch den Unterschied zu offiziellen Arbeitsgruppen. Die „Murmelgruppen" können schnell improvisiert werden, wenn es gerade passend scheint. Es ist nicht so sehr aufwändig, aber unter Umständen sehr effektiv. Das Gelernte wird so verfestigt (die auditiven Lerntypen müssen etwas in Worte fassen, bevor sie es als ihr Wissen integrieren können), viele neue Ideen werden in kurzer Zeit kreiert oder es kann sogar Dampf abgelassen werden.

Verlauf

Die Gruppe sitzt im Plenum, ganz gleich, ob in einem Stuhlkreis, an Tischen oder in Stuhlreihen. Sie bitten darum, dass sich jeweils drei benachbarte Teilnehmer zueinander drehen und sich kurz über ein Thema oder eine Frage austauschen.

Beispiele

- Sammelt erste Ideen, wie und wo ihr diese Methode einsetzen könnt.
- Tauscht euch darüber aus, wie eure Meinung zu der These ist.
- Welche Antworten fallen euch zu der Frage ein?
- Welche Lösungsvorschläge habt ihr?
- Welche Erfahrungen habt ihr damit gemacht?

Gruppen-Zusammenführung nach Beendigung der Arbeitsgruppen

Wenn eine Seminargruppe in Arbeitsgruppen aufgeteilt war und nach einer Arbeitsphase wieder im Plenum zusammenkommt, sollte zuerst eine gemeinsame Aktivität durchgeführt werden, um die Gruppe wieder als Ganzes zusammenzubringen. Es sollte ein „Gruppengefühl" hergestellt werden, auch bevor die Ergebnisse der AGs vorgestellt werden.

Es hilft, die oft zerfaserten Energien wieder zu bündeln, einen gemeinsamen Fokus zu schaffen und eine deutliche Zäsur zwischen AG-Arbeit (die am Ende manchmal etwas hektisch und aufgeregt verläuft) und der Orientierung auf die Gesamtgruppe zu setzen. Dies macht (wenn auch unbewusst) deutlich: Die eine Phase ist zu Ende, jetzt beginnt etwas Neues. Die Teilnehmer können sich besser auf die Präsentation der anderen AG-

Ergebnisse konzentrieren, als wenn sie in Gedanken noch bei ihrer Arbeit und deren Präsentation sind.

Die Atmosphäre im Raum spielt bei dieser Umorientierung auch eine Rolle: Manchmal hat eine AG im Gruppenraum heftig mit Materialien gearbeitet, Tische und Stühle verrückt. Dann sollte der Raum vor dem gemeinsamen Plenum wieder aufgeräumt, der Stuhlkreis wieder hergestellt und Blumen in die Mitte gestellt werden, so dass die Gruppen sich empfangen fühlen. Das sind wirkungsvolle Reize, die über das Unterbewusstsein aufgenommen werden.

Was immer Sie als gemeinsame Auflockerung oder Aktivierung anbieten, hängt von der Stimmung und Atmosphäre ab, also auch von dem, was die AGs vorher getan haben.

Wenn alle sehr erschöpft sind, kann eine ruhige oder entspannende Übung sinnvoll sein, wie der „Rücken-Zoo“: Dies ist eine Rückenmassage, bei der alle Teilnehmer im Kreis hintereinander sitzen und ihre Hände als Elefanten, Mäuse etc. über den Rücken des Vordermenschen bewegen. Oder aber Sie bieten eine kleine Fantasiereise an. Oft ist einmal wieder Bewegung angesagt, und da bietet der Tanz eine passende Form, Gruppen wieder zusammenzubringen. Da ich immer schon am ersten Tag einen Tanz einführe (den „Specknerinnen-Tanz“), sind der Überraschungseffekt und der eventuelle Schock später nicht mehr so groß.

3 Verschiedenes

3.1 Gruppen-Aufteilungs-Spiele

54 Weihnachtsketten

Zur Methode

Es gibt Methoden und Übungen, bei denen die Teilnehmer in Paaren zusammenarbeiten. Sie können natürlich sagen „Jeder sucht sich einen Partner“, Sie können es aber auch mit einem kleinen Spiel verbinden. Das ist auch immer dann sinnvoll, wenn Sie feste Teams oder Grüppchen einmal neu mischen wollen, damit die Teilnehmer einmal mit anderen in Kontakt kommen und somit auch neue Erfahrungen machen können. Früher habe ich die Aufteilung in Paare manchmal mit Wollfäden durchgeführt, bis ich von meiner Kollegin Friede Gebhard diese viel schönere Variante kennen lernte. Es sind ja oft die kleinen Sachen, die einem Trainer (und hoffentlich den Teilnehmern) Freude machen!

Tipp

In der kommenden Weihnachtszeit schauen Sie mal bei Baumschmuck nach. Dort finden Sie Rollen mit goldenen, silbernen oder bunten (blauen oder roten) „Perlenketten“, mehrere Meter auf einer Rolle. Diese schneiden Sie in gleich lange Ketten, ca. 60 cm lang.

Verlauf

Wenn Sie 18 Teilnehmer in der Gruppe haben, nehmen Sie 9 Weihnachtsketten. Diese bündeln Sie so, dass Sie alle im Mittelpunkt in einer Hand festhalten und die Enden herunterhängen. Jeder Teilnehmer nimmt nun ein Ende in eine Hand. Dann lassen Sie die Ketten los und jeder schaut, wer an seinem anderen Ende hängt. Das ist der Partner für die nächste Übung.

Ihre Trainer-Aufgabe

Sie ist rein praktischer Art: Kaufen Sie sich eine Rolle Weihnachtskette und schneiden Sie diese in gleich lange Stücke. Packen Sie die Ketten in Ihren Trainer-Koffer, so dass sie bei jeder Gelegenheit greifbar sind.

55 Schütteldöschen

Zur Methode

Mit Schütteldöschen können Sie eine Seminargruppe in mehrere Gruppen oder auch in Paare aufteilen. Es ist gleichzeitig eine Schulung der Sinne (was thematischer Bestandteil von Seminaren zum Thema „Lernen" ist), und zwar des Hörsinns. Gleichzeitig lockert es die Gruppe auf, es macht Spaß und die Teilnehmer kommen in Bewegung.

Verlauf

Jeder Teilnehmer nimmt sich ein verschlossenes Filmdöschen, das Sie auf einem Tablett oder Ähnlichem herumreichen. Auf Ihr Kommando hin beginnen alle gleichzeitig im Raum herumzu gehen, ihre Döschen zu schütteln und das Geräusch wahrzunehmen. Die Aufgabe besteht darin, andere Teilnehmer zu finden, deren Döschen beim Schütteln die gleichen Geräusche machen, die also den gleichen Inhalt haben.

Ob die Döschen gleich klingen, hängt aber nicht nur vom gleichen Inhalt ab, sondern auch von der Technik, wie sie geschüttelt werden. Das macht die Übung noch etwas schwieriger. Sie geben vorher an, wie viele Teilnehmer in einer Gruppe sein werden, z. B. vier. Wenn eine Gruppe meint, sich gefunden zu haben, stellen die Teilnehmer sich zusammen. Erst wenn eine Gruppe komplett ist, dürfen sie den Inhalt ihrer Döschen kontrollieren. Ist einer in der falschen Gruppe, muss er weiter suchen. Vorher können Sie die Gruppe noch raten lassen, was wohl der Inhalt ist.

Ihre Trainer-Aufgabe

- *Sie müssen entsprechend viele Filmdöschen sammeln oder in einem Fotoladen besorgen (dort bekommen Sie diese geschenkt) und mit verschiedenen Inhalten füllen wie Reis, Büroklammern, Mais, Streichhölzern oder Haselnüssen.*
- *Achten Sie darauf, dass in den Döschen die gleiche Menge an Material ist, sonst verändert sich das Geräusch.*
- *Es ist hilfreich, wenn Sie vor Beginn des Trainings wissen, wie viele Teilnehmer Sie in der Gruppe haben, und die Sets entsprechend zusammenstellen.*

Extra-Tipp

Wenn das nicht der Fall ist, empfehle ich Ihnen, die verschiedenen Sorten in getrennten Beuteln aufzubewahren. Mir ist es nämlich schon passiert, dass ich 20 Döschen vorbereitet hatte, dann aber Teilnehmer abgesagt hatten. Da musste ich sämtliche Döschen öffnen und nachsehen, was wo drin ist. Sie können die Döschen aber auch nicht von außen kennzeichnen, da sich die Teilnehmer dann daran orientieren.

56 Puzzle

Bild-Puzzle

Zur Methode

Diese Methode setze ich ein, um die Gesamtgruppe in zwei Arbeitsgruppen aufzuteilen, Sie können natürlich auch drei Bild-Puzzle für drei Gruppen vorbereiten. Sie zerschneiden zwei große Kalenderfotos in einzelne Puzzleteile, die sich von den Farben und Motiv her etwas ähnlich sind, damit es nicht zu leicht ist: zum Beispiel zwei Abendlandschaften oder zwei Wüstenlandschaften.

Verlauf

Jeder Teilnehmer zieht ein Puzzleteil und muss dann seine jeweilige Gruppe finden und das Puzzle zusammensetzen.

Ihre Trainer-Aufgabe

Suchen Sie sich entsprechende Fotos heraus (zwei oder drei) und zerschneiden Sie sie in so viele Puzzleteile, wie Sie Teilnehmer im Seminar haben werden. Die Teile sollten unterschiedliche Formen haben. Packen Sie alle in einen Briefumschlag und notieren Sie darauf, wie viele Puzzleteile enthalten sind.

Sprach-Puzzle

Zur Methode

Wenn Sie vier Arbeitsgruppen bilden wollen, können Sie bei 16 Teilnehmern vier Puzzle in vier verschiedenen Sprachen herstellen, die den Teilnehmern möglichst nicht bekannt sein sollten. Vor allem fremde Schriftzeichen sind dafür geeignet.

Verlauf

Jeder Teilnehmer zieht ein Puzzle-Teil und versucht erst einmal, seine richtige Gruppe zu finden. In der Gruppe müssen dann die einzelnen Teile richtig zusammengesetzt werden.

Ihre Trainer-Aufgabe

Schreiben Sie auf festen Karton Worte oder Sätze unterschiedlicher Sprachen. Ich habe dazu Türkisch, Arabisch und Chinesisch genommen, wobei ich die chinesischen Zeichen einfach irgendwo abgeschrieben habe, ohne sie zu kennen. Türkisch und Arabisch kann ich etwas. Es ist aber für dieses Spiel nicht nötig, dass es völlig korrekt geschrieben ist, da es ohnehin niemand merken wird …

Tipp

Wenn Sie in den Sprachen nicht fit sind, und die Zeichen nur irgendwo abgeschrieben haben, empfehle ich es Ihnen, die Gesamtfassung vorher zu kopieren, bevor Sie sie in Puzzleteile zerschneiden, damit Sie nachher den Teilnehmern sagen können, ob sie ihr Puzzle richtig gelegt haben.

Beispiele
Türkisch und Arabisch

günaydın nasılsınız?

Guten Morgen, wie geht es Ihnen?

← von rechts nach links

السلام عليكم وعليكم السلام...

'as-salām ɛalēkum ← wa ɛalēkum 'as-salām
Der Friede sei mit euch! Und auch mit dir sei der Friede …

57 Kronkorken oder Walnüsse

Zur Methode

Dies ist noch einmal eine andere Form, Gruppen aufzuteilen. Sie brauchen dazu Kronkorken oder halbe Walnussschalen. Innen schreiben oder malen Sie verschiedene Symbole, so viele, wie sie Gruppen bilden wollen. Also zum Beispiel vier Kreise, vier Kreuze, vier Blumen und vier bleiben leer oder Sie nehmen vier verschiedene Farben.

Verlauf

Wenn die Teilnehmer in einem Stuhlkreis sitzen, gehen Sie herum und lassen jeden Teilnehmer eine Walnusshälfte ziehen. Erst anschließend fordern Sie dazu auf, nach dem Symbol zu schauen und die entsprechenden Gruppen-Teilnehmer zu suchen.

Ihre Trainer-Aufgabe

- *Sammeln Sie Kronkorken oder Walnusshälften.*
- *Malen Sie Symbole hinein.*

Auch hier müssen Sie vorher wissen, wie viele Teilnehmer Sie haben werden. Allerdings können Sie hier schneller aussortieren als bei den Schütteldöschen, wenn sich die Teilnehmer-Zahl geändert hat.

58 In vier Ecken

Zur Methode

Mit dieser Methode können Sie auf eine Art Arbeitsgruppen bilden, die mit dem Inhalt des Themas zu tun hat, das anschließend bearbeitet werden soll.

Verlauf

Ein Beispiel habe ich bei Nr. 49 schon aufgeführt: Sie stellen den Teilnehmern Fragen. Diese sollen sich entsprechend ihrer Antwort in die dafür angegebene Ecke stellen. Beispiel: Wer mag Musik, wer mag Theater, wer interessiert sich für Grafiken?

Ihre Trainer-Aufgabe

Sie müssen sich lediglich Fragen überlegen, nach denen die Teilnehmer sich zuordnen können. Diese können schon offensichtlich auf den Inhalt der AG verweisen, aber auch witzig oder verklausuliert sein.

59 Sternzeichen, Geburtsdatum, Sockenfarbe …

Zur Methode

Bei dieser Methode geht es weniger um die Inhalte, nach denen sich die Teilnehmer aufteilen, sondern darum, die Gruppe einmal völlig durchzumischen und festgefahrene Sitzgewohnheiten aufzulösen. Sie können dazu jede beliebige Fragestellung nehmen, hier nur einige Beispiele.

Verlauf

Sie bitten die Teilnehmer beispielsweise, sich nach Geburtsdatum oder Sternzeichen zu setzen. Dazu müssen alle aufstehen und miteinander reden oder durch den Raum rufen. Wie sie es organisieren, überlassen Sie den Teilnehmern. Schließlich sitzen alle in der neuen Ordnung im Stuhlkreis oder in einem Halbkreis und Sie können nun einfach durchzählen: Die Ersten 7 sind Gruppe A, die nächsten 7 Gruppe B und die restlichen 6 Gruppe C.

60 Schüttelsequenzen

Zur Methode

Diese sehr witzige Methode habe ich in einem Seminar mit Stephan Rude kennen gelernt. Die Teilnehmer nehmen nicht nur Kontakt miteinander auf, sondern müssen auch sensibel spüren …

Verlauf

Demonstrieren Sie zuerst mit einem Teilnehmer die verschiedenen Möglichkeiten des Handschüttelns bei einer Begrüßung: Es gibt die „Einmal -Schüttler“, die „Zweimal -Schüttler“, die „Dreimal-Schüttler“ und die „Umfasser“ (diejenigen, welche die Hand des anderen mit beiden Händen umfassen).

Dann zieht jeder Teilnehmer ein Kärtchen, auf dem eine entsprechende Zuordnung steht, z. B. „Einmal-Schüttler“. Alle Teilnehmer gehen nun kreuz und quer durch den Raum und schütteln jedem Menschen, dem sie begegnen, auf ihre Art die Hand. Der andere tut das ebenso – und hier fängt die Sensibilitätsschulung an. Wenn ich einfach wild drauflos dreimal schüttele, bekomme ich vielleicht nicht mit, dass mein Partner schon nach dem ersten Schütteln von sich aus nicht mehr aktiv war, sondern sich nur noch schütteln ließ. Eindeutig und einfach ist es natürlich bei den „Umfassern“.

Ihre Trainer-Aufgabe

Sie stellen Kärtchen mit entsprechenden Aufschriften oder Symbolen her.

61 Teilnehmer-Wahl

Zur Methode *Auch wenn Sie wie ich solche Gruppen-Aufteilungsspiele lieben: Geben Sie Ihren Teilnehmern hin und wieder die Möglichkeit, Gruppen nach eigener Wahl zu bilden. Ich persönlich mache das nicht am ersten Tag, da die Teilnehmer dann dazu neigen, mit ihren Kollegen in eine Gruppe zu gehen, die sie schon kennen. Deshalb bevorzuge ich anfangs Methoden, in denen sie „zwangsweise" mit fremden Teilnehmern zusammenarbeiten.*

Wenn die Gruppe sich zu einem späteren Zeitpunkt schon besser kennt, können sie sich ihre Arbeitspartner gezielter suchen: Sei es, dass sie der berufliche Hintergrund bestimmter Teilnehmer interessiert oder dass sie mal mit jemand zusammen sein möchten, den sie noch gar nicht kennen gelernt haben oder der ihnen nur sympathisch ist. Die Kriterien können sehr unterschiedlich sein, haben aber großen Einfluss auf den Spaß bei der Arbeit und die Effektivität der Arbeitsgruppen. Zum Beispiel kann es vorkommen, dass man mit jemanden „nicht kann". Dann ist es quälend und hinderlich, gerade mit diesem Menschen in eine AG zu müssen, wenige werden sich dann trauen, offen zu sagen, dass sie in eine andere Gruppe möchten. Es kann auch Situationen in einem Seminar geben, da ist es sinnvoll, mit den eigenen Kollegen eine AG zu bilden (wenn ganze Teams an der Fortbildung teilnehmen), nämlich dann, wenn konkrete Projekte für die eigene Arbeit geplant werden. Das ist nicht nur inhaltlich effektiv, sondern kann auch dem Team neuen Schwung geben, die in diesem Rahmen einmal auf andere Art (unter weniger Zeitdruck) miteinander arbeiten können und die sich auch einmal auf andere Art kennen lernen. Das ist eine häufige Rückmeldung in meinen Seminaren.

Tipp Bei der Gruppenaufteilung gilt wie bei allen anderen Methoden: Egal wie gut eine Methode ist, sie sollte nicht zu häufig eingesetzt werden. Die Spannung und Dynamik eines Seminars entsteht ja gerade durch den Wechsel. Auch wenn Sie ein Fan von Sahnetorte sind, so können Sie sich nicht ausschließlich davon ernähren. Sie bekommt erst ihren Reiz im Kontrast zu einem herzhaften Essen.

3.2 Seminarbegleitende Übungen

62 So seh' ich dich

Zur Methode

Auch wenn wir Menschen noch nicht näher kennen, so haben wir doch einen spontanen Eindruck von ihnen, der unser Verhalten unbewusst prägt. Diese Übung ist in Seminaren einsetzbar, die sich mit dem Thema „Kommunikation", „Wahrnehmung", „Persönlichkeitsentwicklung" oder Ähnlichem befassen. Sie kann aber auch rein spielerisch am Anfang oder Ende eines jeden Seminars eingesetzt werden. Es geht darum, eine spontane und intuitive Einschätzung von jemandem kundzutun und zu begründen und diese dann bestätigt oder korrigiert zu bekommen. Die Fragen bewirken, wie sehr das in die Tiefe geht oder wie viel mehr an der Oberfläche bleibt. Das wird von Ihrer Zielsetzung abhängen und auch von dem, was trainiert werden soll.

Verlauf

Die Teilnehmer tun sich zu Paaren zusammen. Jedes Paar erhält einen Stapel Karten mit Fragen, die mit Interessen, Gedanken, Verhalten, Gefühlen und Meinungen einer Person zu tun haben. A beginnt, zieht eine Karte und liest die Frage zu seiner Person vor. Er beantwortet sie (aber nur im Stillen) für sich. B gibt nun laut seine Einschätzung darüber ab, wie A die Frage für sich wohl beantwortet hat, und begründet dies gleichzeitig. Anschließend werden beide Antworten verglichen und in der Runde erläutert, wieso wer was meint. Dann zieht B eine Karte usw.

Variante

Man kann auch so spielen, dass jeder alle Karten beantwortet, dass also nicht abwechselnd unterschiedliche Karten gezogen werden.

Beispiele

Kennenlernen
Wenn es ums Kennen lernen geht, spielen persönliche Fragen aus dem Freizeitbereich eine Hauptrolle: „Interessierst du dich für klassische Musik? Wenn du 1 Million gewinnen würdest, was würdest du machen? Wenn dich der nächste Urlaub nichts kosten würde, wohin würdest du reisen?" usw.

Kundenzufriedenheit
„Wenn ein Kunde offensichtlich nichts kaufen will, dich aber schon eine Viertelstunde mit allen möglichen Fragen nervt, sich Produkte zeigen lässt, während andere Kunden darauf warten, beraten zu werden, wie reagierst du dann?"
„Wenn ein Kunde dich etwas fragt, von dem du keine Ahnung hast, was machst du dann?"
„Wenn du bemerkst, dass dein Vorgesetzter dich beobachtet, während du einen Kunden bedienst, ändert sich dann etwas an deinem Verhalten?"

Kommunikation
„Wenn du mitbekommst, dass ein Kollege deine Arbeit boykottiert, indem er dir bestimmte Informationen vorenthält, was tust du?"
„Was würdest du spontan am liebsten machen, wozu du dich aber vielleicht nicht traust?"
„Wenn du einen Kollegen, der dir unterstellt ist, kritisieren musst, wie machst du das dann? Wie fühlst du dich dabei?"

Tipp

Die entsprechenden Fragen schreiben Sie auf Karten. Da Sie ja eine Menge Karten-Sets produzieren müssen, empfiehlt es sich, diese in den Computer zu tippen und später auf stärkeren Karton zu kopieren, der dann zerschnitten wird. Wenn Sie ein Laminiergerät haben, ist das Kartenspiel perfekt und lange haltbar.

Extra-Tipp

Je nach Seminarthema können Sie solche Fragen auch im Seminar entwickeln und von den Teilnehmern selber ein solches Set schreiben lassen, mit dem sie dann arbeiten. Oder es werden in unterschiedlichen AGs unterschiedliche Fragen entwickelt und anschließend mit den anderen AGs ausgetauscht. So haben Sie Arbeit gespart und die Teilnehmer sind schon intensiv in das Thema eingestiegen.

Ihre Trainer-Aufgabe

Sie denken sich Fragen aus, die zum Teil in einer Beziehung zu Ihrem Seminarthema stehen, und schreiben Kärtchen.

63 Erster und letzter Eindruck

Zur Methode

Bei Seminaren zum Thema Kommunikation und Wahrnehmung können Sie diese Übung am ersten und am letzten Tag einsetzen. Die Teilnehmer werden gegenüber ihrer Wahrnehmung sensibilisiert, vor allem auch dafür, wodurch solche Wahrnehmungen entstehen und wie sie sich verändern können.

Verlauf

Zu Beginn des Seminars, wenn sich die Teilnehmer noch nicht kennen, werden Paare gebildet. Jeder notiert dann für sich seinen ersten Eindruck vom Partner, alle Assoziationen, Vermutungen, Gedanken und Gefühle. Es ist wichtig, vorher darauf hinzuweisen, dass die Teilnehmer diese Notizen niemals veröffentlichen müssen, sondern dass die Übung nur für sie alleine ist, damit sie sich nicht innerlich zensieren, sondern möglichst ehrlich sind.

Das wird manchem vielleicht nicht leicht fallen („Ich kenne den doch noch gar nicht"). Jeder Mensch hat irgendeinen Eindruck von einem anderen Menschen, ein Sympathie- oder ein Ablehnungsgefühl. Dies kann unbegründet sein und es kann sich auch ändern. Am letzten Seminartag macht sich jeder Notizen, schreibt auf, welche Gefühle, Gedanken, Eindrücke und Assoziationen er zu diesem Zeitpunkt zu ein und derselben Person hat – ohne auf die früheren Notizen zu schauen!! Das ist sehr wichtig! Anschließend vergleicht er diese Notizen mit denen vom ersten Tag.

Mögliche Weiterarbeit

Sie können eine kurze Reflexion daran anschließen. Diese kann jeder für sich vornehmen. Sie kann auch in Paaren oder Kleingruppen durchgeführt werden – ohne dass konkrete Personen oder Inhalte benannt werden.

Fragen, die zur Reflexion anregen und auf einem Flipchart stehen, können sein:

- „Hat sich an meiner Wahrnehmung etwas verändert?"
- „Ist sie detaillierter geworden?"
- „Hat sich der Fokus verschoben (sind andere Dinge in den Vordergrund getreten?)"

Woran lag es, wenn sie sich verändert hat:
- am Verhalten der Teilnehmer?
- am näheren Kennenlernen?
- an etwas anderem?

Wie ging es mir mit der Übung:
- am ersten Tag
- am letzten Tag

Welche Erkenntnisse kann ich für mich daraus ziehen?
Gibt es etwas, das ich zukünftig (anders) tun will/beachten will?

Ihre Trainer-Aufgabe *Sie müssen sich lediglich Fragen für die Endreflexion ausdenken und diese auf ein Flipchart schreiben.*

64 Internationale Begrüßung

Zur Methode *Man kann diese Methode spielerisch zum Kennenlernen anderer Kulturen, Sitten und Gebräuche einsetzen, außerdem bringt sie eine andere Art der Kommunikation für die Teilnehmer. Verschiedene Gesten und Körpersprachen sind mit unterschiedlichen Gefühlslagen verknüpft. Das zu erleben ist auch ein Sinn der Übung. Ob ich mich sehr steif und förmlich japanisch verneige oder ein langes spielerisches Händeschüttel- und Klatschritual auf afrikanische Art durchführe, wird in mir eine jeweils andere Stimmung hervorrufen und auch meinen Kontakt gestalten. Manches ist mir vielleicht peinlich, bei anderem lachen wir zusammen.*

Verlauf

1. Variante

Sie führen mehrere Begrüßungen ein, als Spiel oder Energieaufbauübung zwischendurch, damit Bewegung in die Gruppe kommt. Vielleicht passt es auch gerade zu einem Seminarthema „Wahrnehmung", „Körpersprache" etc., das muss aber nicht sein.

2. Variante

Für jeden Tag wird eine andere Begrüßungsform festgelegt, mit der sich die Teilnehmer morgens (oder den ganzen Tag über) in

Sprache und Geste eines Landes oder einer Kultur begrüßen. Sie können als Trainer auch den Tagesplan in der entsprechenden Rolle (und womöglich verkleidet – wenn es Ihnen Spaß macht) vorstellen, als Japaner, Beduine oder Indianer. Das sollte aber keine Karikatur werden und erfordert somit Kenntnis der entsprechenden Kultur.

Nach der Erst-Begrüßung der Teilnehmer untereinander können sie kurz in kleinen Gruppen (und anschließend im Plenum) darüber reflektieren, welche Haltungen, Gefühle und Prinzipien ihrem Empfinden nach dadurch ausgedrückt werden. Hier geht es nicht um eine objektive Erklärung, sondern um das persönliche Empfinden: Wie wirkt das auf mich? Wie fühle ich mich, wenn ich solche Gesten mache, eine solche Haltung einnehme?

Beispiele

Ich nehme hier Beispiele, die ich entweder aus eigenem Erleben kenne oder zumindest aus Filmen oder Literatur.

Tunesische Beduinen

Hand geben und die rechte Hand dann zum Herzen oder zum Mund führen. A sagt: „Aslema, la bâs?" B entgegnet: „Al-Hamdulillah, la bâs".

Am Morgen sagt A: „Sabah al cher" (Ein Morgen voller Segen), B erwidert: „Sabah al nur" (Ein Morgen voller Licht).

Aussprache: Das „*h*" am Ende von Sabah ist zwischen stimmlos und dem „*h*" bei Bach angesiedelt, es ist hörbar, aber nicht im Rachen (das ist übrigens nicht so einfach).

Mögliche Eindrücke: gefühlvolle Geste (die Hand zum Herzen führen); poetische Sprache; religiöse Haltung (Al-Hamdullilah = Dank sei Gott) – egal, wie es mir geht, ich danke Gott, dass es mir nicht schlechter geht und alles geschieht so, wie Allah es will.

Kenia – Kiswahili
Hände schütteln, dann zusammenkrallen (also Finger ineinander verhaken), die Handflächen gegeneinander schlagen und das Ganze mehrmals von vorne:
„Jambo, bibi" (wenn ich eine Frau begrüße) oder „Jambo, bwana"(wenn ich einen Mann begrüße). Die Aussprache: djambo.
Mögliche Eindrücke: spielerisch, Ritual, Berührung angenehm.

Türkei
Ich stelle mir vor, dass ich eine Autorität oder einen älteren Verwandten begrüße.
Türkischer Handkuss: Hand des anderen erst an die Lippen und dann an die Stirn führen. Zur Begrüßung „Merhaba" sagen, dabei das „R" rollen.
(mögliche Eindrücke: Achtung, Ehrerbietung)

Japan
Arme nah am Körper halten, mit geradem Oberkörper verneigen, dabei lächeln.
„Sayonara, ... Peter ... san" oder „Konichi wa" sagen.
Mögliche Eindrücke: lächelnd, höflich, diszipliniert.

Indien
Hände vor der Brust zum indischen Gruß zusammenlegen, sich leicht verneigen „Namasté". (Betonung auf der letzten Silbe = „Ich grüße das Licht in dir")
Mögliche Eindrücke: distanziert, kein Körperkontakt; den anderen wahrnehmen, das Göttliche in jedem sehen)

Ihre Trainer-Aufgabe

Sie besteht in erster Linie darin, den Mut für einen solchen Vorschlag aufzubringen. Sie sollten aber jede Gelegenheit nutzen, so etwas spielerisch in die Seminare einzubringen.

Vor vielen Jahren entwickelte ich eine ausführlichere Form eines interkulturellen Begrüßungsspiels, das inzwischen oft veröffentlicht wurde: Die „Ballonreise“: Verschiedene Länder werden aufgesucht und die Begrüßungen mit entsprechender Landesmusik untermalt. Stellen Sie ein Plakat zu jedem Land auf, auf dem Sie alle wichtigen und interessanten Informationen (kulturell, sprachlich) diesbezüglich anbieten und evtl. auch abbilden. Auch ein Video-Film kann abschließend nützliche Hinweise bieten.

65 Licht und Schatten

Zur Methode

Nicht immer sind die Voraussetzungen in einem Seminar oder einem Seminarhaus optimal. Mal sind die Zimmer nicht so schön, ist das Haus zu groß oder zu klein, das Essen entspricht nicht allen Vorlieben oder die Umgebung passt nicht. Je nachdem, wie die Teilnehmer bei ihrer Ankunft gestimmt sind, vielleicht mit Frust von der Arbeit oder Stress von zu Hause angekommen. Es kann ein Mecker- oder Nörgelklima entstehen. Einzelne Teilnehmer können sich in irgendeinen scheinbaren Misstand hineinsteigern. Je nach Typ reißen sie dann noch andere mit, und das kann für die Arbeit im Seminar äußerst mühselig werden.

Verlauf

Die Teilnehmer sind zum Beispiel mit ihrem Zimmer unzufrieden. Fordern Sie Ihre Teilnehmer auf, je eine Sache aufzuschreiben, die ihnen an ihrem Zimmer gefällt, und eine, die ihnen nicht gefällt.

Anschließend sollte ein Punkt vorgenommen werden, mit dem die Teilnehmer zufrieden sind (zum Beispiel: Umgebung, Essen, Seminarraum). Diskutieren Sie darüber, dass es auch immer möglich ist, einen positiven Aspekt in einer negativen Sache zu finden – und umgekehrt. Dieses Denken ist für uns sehr ungewohnt, da wir häufig ein simples Schwarz-Weiß-Denkmuster verfolgen.

Zur Veranschaulichung bietet sich ein Yin-Yang-Symbol an: Auch bei der NLP-Übung: „Reframing“ (Dinge in einen neuen Rahmen stellen) habe ich diese Sicht noch einmal kennen gelernt. Wenn ich dieses Prinzip lerne und als Dauerhaltung verinnerliche, kann sie zum einen meine Sichtweise enorm erweitern und bereichern, zum andern wird mein Leben dadurch erheblich erfreulicher und erträglicher, denn ich bleibe nicht so lange im negativen Denken und Fühlen hängen. Wenn ich mich fünf Tage lang während eines Seminars über mein Zimmer ärgere, ruiniert das meine Nerven, und es nimmt mir jede Chance, positive Dinge wahrzunehmen und zu erleben und vom Seminar zu profitieren. Zu diesen Gedanken siehe auch die Übungen Nr. 48 („Stolpersteine zu Steigbügeln") mit ergänzenden Hinweisen.

Ihre Trainer-Aufgabe *Diese Methode erfordert keine besondere Vorbereitung, sondern vielmehr Ihre volle Aufmerksamkeit und das Fingerspitzengefühl, wann diese Übung sinnvoll eingesetzt wird. Und natürlich auch, wie Sie diese Übung einführen, damit sich die Teilnehmer nicht auf den „Schlips" getreten fühlen.*

66 Ich kann besonders gut

Zur Methode *Sie können diese Methode als Kennenlern-Spiel einsetzen oder auch als Übung in Seminaren zum Thema „Persönlichkeitsentwicklung", „Motivation", „Bewerbung", „Auftreten und Ausstrahlung" sowie „Prüfungsangst".*

Verlauf Jeweils zwei Teilnehmer arbeiten zusammen und setzen sich gegenüber, um sich gut zu sehen und zu beobachten. A beginnt und sagt: „Ich kann besonders gut … ". Dabei muss er mindestens 5 Nennungen machen. B beobachtet A, welche Körperhaltung und Gestik er einnimmt, welchen Tonfall er anschlägt. Ist er überzeugend, sind seine Aussagen stimmig oder ist ihm gar etwas peinlich usw. Er überlegt sich auch, ob er A glauben kann oder ob A etwas fehlt, damit er überzeugt. B macht sich Notizen.

Beim anschließenden Austausch teilt A B mit, wie er sich bei der Übung fühlte. Beide diskutieren darüber. Dann werden die Aufgaben getauscht.

Variante A macht 5 Aussagen, von denen 2 Lügen sind. B muss herausfinden, welche Aussagen wahr sind, und erläutern, woran er das festmacht.

Ihre Trainer-Aufgabe *Hier haben Sie nichts zu tun.*

3.3 Kleine Kreativ-Übungen fürs Gehirn

67 Bücher stechen

Zur Methode

Diese Übung können Sie zwischendurch einsetzen, wenn Sie einfach mal eine „Pause" vom Seminarthema machen wollen, oder als „Anwärmübung" für das Gehirn. Assoziationsübungen jeglicher Art sind ein Gehirntraining, das geistig wach macht und eine gute Vorbereitung für nachfolgende Übungen darstellt, bei denen es darum geht, neue Ideen zu produzieren.

Verlauf

Jeder Teilnehmer nimmt ein beliebiges Buch (z. B. vom Büchertisch) zur Hand und steckt einen Finger zwischen zwei Seiten, nachdem er vorher für sich die grobe Richtung bestimmt hat. Ob er eher von links oben oder von rechts unten beginnen möchte. Dann schlägt er das Buch an dieser Seite auf und liest den entsprechenden Abschnitt. Er schreibt alle Assoziationen und Gedanken auf, die ihm dazu kommen. Das kann wilde Fantasie sein und muss nichts mit dem wirklichen realen Text zu tun haben (der vielleicht so aus dem Zusammenhang auch gar nicht verständlich ist). Anschließend tauscht er sich mit einem anderen Teilnehmer darüber aus.

Mögliche Fragen für den Austausch

„Konntest du mit diesem Ausschnitt etwas anfangen?"
„Fiel es dir leicht, etwas zu diesem willkürlichen Abschnitt zu assoziieren?"
„Hat dir die Übung Spaß gemacht oder fandest du sie stressig?"

Variante

Jeder sucht sich nun ein Substantiv aus und schreibt dazu ganz schnell (Dauer: 1 Minute) so viele Assoziationen auf wie nur möglich (siehe „Tempo 30").

Orakel-Variante

Jeder hat eine bestimmte Frage, zu der er einen Hinweis, eine Antwort haben möchte. Dies kann auch ein Problem sein, zu dem man eine Lösung sucht. Wie weiter vorne beschrieben sucht man durch Fingerstechen blind einen Satz aus dem Buch heraus und bezieht diesen nun auf seine Frage. In den meisten Fällen wird der Satz erst einmal nichts mit dem Thema zu tun haben. Aber ähnlich wie bei vielen Kreativ-Techniken können gerade durch diese Entfernung der beiden Themen ganz neue Ideen entstehen. Es braucht hierzu etwas Übung im kreativen und Gewohnheiten überschreitenden Denken, etwas Mut und Spielfreude.

68 Erpitten (nach Carmen Thomas)

Zur Methode

Auch diese Methode nimmt den Zufall zu Hilfe und trainiert das Assoziieren und das „Zusammendenken“ von Begriffen, die man normalerweise nicht zusammen denken würde. Das heißt, sie führt einen aus den gewohnten Denkbahnen heraus, was hilfreich ist für das Produzieren neuer und ungewöhnlicher Ideen. Außerdem macht es auch ganz einfach Spaß.

Verlauf

Jeder Teilnehmer benötigt als Ausgangspunkt ein bestimmtes Thema, eine konkrete Frage, wozu er Anregungen und Ideen möchte.

Beispiel 1

„Wie finde ich neue Kunden?" oder „Wie kann ich meinen Umzug möglichst stressfrei organisieren?" usw. Dann nimmt er ein Buch zur Hand und einen „Pit" (das ist die Miniaturform eines Post-it-Klebezettels) oder einen anderen kleinen Zettel und klebt ihn blind in das Buch. Dann schlägt er die so markierte Seite auf. Das Wort, welches dem Markierzettel am nächsten ist, dient nun als Grundlage für Ideen zu seiner Frage.

Beispiel

Das Wort ist „Hutschnur"

Bei Beispiel 1 (Wie finde ich neue Kunden?) könnte das zu folgenden Ideenspielen führen:

- bunte Papphütchen als Werbegag verteilen
- besonders schöne bunte Schnur um Produkte binden
- Produkt an Schnüren auffällig im Laden und im Schaufenster aufhängen
- alle Verkäufer ziehen Hüte an
- ein altmodischer Klingelzug am Eingang des Ladens

- ein Perlenvorhang aus Schnur klingelt lieblich, wenn man hindurchgeht

Es können auch einzelne Begriffe sein, die erst einmal aufgeschrieben werden. Danach wird eine Verbindung zur Frage hergestellt. In dieser ersten Phase geht es wie beim Brainstorming darum, möglichst viele Ideen zu produzieren.

Beispiele

Sonnenschutz/Ärger/Kahlkopf/In die Luft gehen/Begrenzung/Schmücken usw. In einem zweiten Schritt wird die Sammlung von Begriffen oder Sätzen in Zusammenhang mit der Frage gebracht und geschaut, welche Ideen sich durch den Anstoß der Wörter ergeben. Das muss unter Umständen nicht einmal etwas mit dem Begriff zu tun haben und kann einen dennoch auf eine andere Idee bringen.

Sonnenschutz
Geben Sie den Kunden ein kleines Tübchen Sonnenschutz in der Ferienzeit als Give-away mit. Legen Sie als Dekoration einen Sonnen-Hut ins Schaufenster, dessen Krempe mit Sonnenschutzmittel-Tuben umlegt ist. Entwickeln Sie einen Werbeslogan, wie Kunden durch den Kauf Ihres Produkts ihren Ärger entsorgen können: z. B. „Bevor Sie in die Luft gehen … (zeigen Sie das Bild eines Flugzeugs) … sollten Sie unser Produkt ‚xy' testen"! Sie sollten diese Übung ganz spielerisch angehen, umso größer ist die Wahrscheinlichkeit, dass wirklich neue Ideen dabei herauskommen.

3.4 Tipps für Teilnehmer

Diese Tipps sollen dazu beitragen, dass die Teilnehmer möglichst viel aus dem Training oder Seminar herausholen können. Geben Sie als Trainer oder Seminarleiter diese Tipps am ersten Seminartag. Sie stellen Angebote dar, die die Teilnehmer aufgreifen können, wenn sie möchten. Die Tipps fordern die Teilnehmer indirekt auf, ihre Interessen selbst „in die Hand zu nehmen" und zu organisieren. So werden die Teilnehmer animiert, selbst aktiv zu sein. Auch wenn Sie eine Seminarmappe vorbereitet haben oder anschließend ein Fotoprotokoll der aufgehängten Plakate liefern: Es gibt immer Dinge, die damit nicht erfasst werden. Ihre Trainerunterlagen weichen oftmals von denen der Teilnehmer ab.

69 Ideen-Notizen und Gedächtnisanker

Ideen-Notizen

Zur Methode

Empfehlen Sie Ihren Teilnehmern, sich sofort Notizen zu machen. Wann immer ihnen während des Seminars eine Idee oder Gedanke kommt, sollten Sie ihn notieren. Geben Sie auch den Tipp, nicht nur Stichworte aufzuschreiben, sondern möglichst konkrete Ziele zu formulieren.

Ihre Trainer-Aufgabe

Wenn Sie dieses Ansinnen unterstützten möchten, können Sie Ihren Teilnehmern Seminar-Tagebücher mitbringen und schenken: Entweder besonders schön gestaltete Hefte – oder Sie lassen diese zu Beginn des Seminars oder Trainings von den Teilnehmern selbst gestalten. Damit bekommt der Aspekt, dass die Teilnehmer selbst auch zum Erfolg und Transfer des Seminars beitragen, noch mehr Gewicht. Sie können auch entsprechende Arbeitsblätter in einer bestimmten Farbe in die Seminarmappe heften, die jederzeit erweiterbar sind.

Gedächtnisanker

Zur Methode

Dies ist eigentlich keine eigene Methode, sondern ein Grundprinzip, das sich durch Ihr Seminar oder Training ziehen sollte. Egal, ob es um konkrete Inhalte geht, die gelernt werden sollen, oder um eine Veränderung von Verhalten oder Sichtweisen: Die Teilnehmer sollen das behalten, was sie im Seminar erfahren und lernen.

Verlauf

Räumen Sie jedes Mal nach einem längeren Theorie-Input, nach einer Erarbeitung eines Themas oder einer längeren Diskussion oder sonstigen Darbietung die Zeit und den Raum dafür ein, dass sich die Teilnehmer Notizen machen. Sonst geht bei einem mehrtägigen Seminar viel verloren, da viele neue Eindrücke hintereinander aufzunehmen und zu verarbeiten sind.

Varianten

Veranlassen Sie die Gruppe, sich fünf Minuten lang persönliche Notizen zu machen. Anregungen oder Strukturierungshilfen schreiben Sie auf ein Flipchart (Inhalt/Methoden/Ideen zur Anwendung/Weiterführung usw.). Fügen Sie auf Zuruf der Gruppe Notizen hinzu. Lassen Sie Murmelgruppen bilden und die Notizen zusammentragen.

Ihre Trainer-Aufgabe

Diese besteht „nur“ darin, immer wieder daran zu denken und die Disziplin aufzubringen, die Zeit auch wirklich einzuräumen.

70 Methoden und Spiel-Kartei

Zur Methode

Sollte das Seminar nicht protokolliert werden, die Teilnehmer aber Interesse an den Übungen und Methoden des Seminars haben (da sie selbst Trainer oder Lehrer sind), mache ich Ihnen folgenden Vorschlag:

Verlauf

Die durchgeführten Methoden und Spiele schreibe ich als Überblick auf ein Flipchart. Nun sucht sich der Reihe nach jeder Teilnehmer eine Methode oder ein Spiel aus und trägt seinen Namen auf dem Flipchart hinter der entsprechenden Methode ein. Diese schreibt er dann auf ein DIN-A4-Blatt oder eine Karteikarte. So werden alle Methoden protokolliert und am Ende gibt's eine Sammlung, die kopiert werden kann. (Hinweis an die Protokollanten: Platz sparen und möglichst klein, eng, und deutlich schreiben.)

Variante

Es können sich auch jeweils zwei Teilnehmer für eine Übung melden, wenn Einzelne befürchten, alleine nicht mehr alles zu erinnern und zusammentragen zu können.

Ihre Trainer-Aufgabe

Für die Teilnehmer ist es sicher entlastend, wenn Sie Ihre Hilfe anbieten. Protokollanten können bei Ihnen nachfragen, wenn sie sich nicht mehr so genau an den Ablauf einer Übung erinnern. Alternativ stellen Sie ihnen entsprechende Unterlagen zur Verfügung.

71 Schwarzes Brett/Kontaktbörse

Zur Methode

Sie richten eine Pinnwand oder eine Wandzeitung ein, die Sie den Teilnehmern als schwarzes Brett oder Kontaktbörse anbieten. Wie Sie diese Wandzeitung gestalten, bleibt den Teilnehmern überlassen.

Hier einige Beispiele:

Es können Zettel angeheftet werden, wenn sich ein Teilnehmer gerne mit einem anderen austauschen möchte. Wenn er Material sucht, Fragen hat etc. („Ich suche…, „Ich möchte … ", „Wer hat… " „Wer weiß… ") Antworten können auch dort notiert werden. Oder aber die Fragenden werden direkt angesprochen.

Variante **Info-Börse**

Erweitern Sie das „schwarze Brett" um einen Tisch mit Materialien, welche die Teilnehmer mitgebracht haben. Sie können „Sprechstunden" angeben, in denen Sie das mitgebrachte Material erklären oder vorführen. Das können in Lehrerseminaren beispielsweise Unterrichtsmaterialien sein, auch neue Computerprogramme, so beispielsweise wenn jemand sein Notebook dabeihat usw.

Kommentare, Ergänzungen, Stimmungen

Variante **Öffentliche Pinnwand**

Eine weitere, noch offenere Variante des „schwarzen Bretts": Die Teilnehmer können während des Seminars Ideen, Fragen schreiben oder zeichnen. Hier geht es mehr um Stimmungen, Meinungen, Kommentare, die den Teilnehmern spontan in den Sinn kommen, wenn sie zum Beispiel aus dem Raum gehen.

Hier einige Beispiele

- Es kann sich eine Art Tagesauswertung ergeben, wenn diese auch nicht systematisch alle erfasst.
- Sie können Assoziationen und Gedanken zu einem Thema schreiben.
- Hier können Fragen notiert werden – und vielleicht Antworten gefunden.
- Sie können Anregungen und Vorschläge zum Seminar machen.
- Es können Gruppenbilder entstehen, an denen jeder weitermalen kann.

72 Abend-Partnersuche

Zur Methode

Manchmal wird es einem erst am Ende eines Seminars deutlich: „Schade, mit dem oder der habe ich nie geredet". Bedauerlich, weil einem der Mensch sympathisch war und ein interessanter Mensch zu sein schien. Aber es hat sich nie ergeben, dass man mit ihm in einer Arbeitsgruppe war oder beim Essen am gleichen Tisch gesessen hätte.

Verlauf

Am Ende eines jeden Seminartages sucht sich jeder einzelne Teilnehmer einen Teilnehmer, den er noch am wenigsten kennt und mit dem er kaum gesprochen hat. Die Aufgabe besteht darin, dass die beiden sich fünf Minuten unterhalten – Inhalt egal.

Variante

Sie können eine konkrete Frage oder ein Thema stellen oder die Auswertung des Tages nehmen. Wenn die Teilnehmer dann entdecken, dass sie länger als die fünf Minuten miteinander reden wollen, so können sie das ja beim Abendessen oder einem Abendspaziergang weiterführen.

4 Auswertung und Abschluss

4.1 Bestandsaufnahme und Auswertung

4.1.1 Tageseinstieg

Für jeden Trainer oder Teilnehmer ist es ein wichtiges Ritual: bewusst in den neuen Seminartag einzusteigen. Bei mehrtägigen Seminaren beginne ich immer mit leichten Körperübungen, bei passendem Wetter sogar im Freien. Das ist für manche Teilnehmer zwar ungewohnt, aber meist wird es begrüßt. Schließlich sind viele Teilnehmer nach den Übungen wacher und aufnahmefähiger als nach dem Kaffee. Im Anschluss führe ich eine der nun folgenden Übungen durch.

Zum einen ist es für die Teilnehmer nicht verkehrt, sich einen kleinen Moment bewusst zu machen, wie es ihnen geht. Wann tun wir das schon? Zum anderen ist es für Sie als Trainer hilfreich, mitzubekommen, wo die Gruppe mental gerade steht. Sie können sich dann besser darauf einstellen.

73 Blitzlicht

Zur Methode *Das ist eine fast klassische Methode mit mehreren Varianten. Sinn der Übung ist, dass jeder den anderen mitteilt, wie es ihm im Moment geht. Dies bleibt unkommentiert, denn es geht nur um eine kurze Bestandsaufnahme.*

Verlauf Sie sitzen im Stuhlkreis und haben einen Ball oder Stein in der Hand. Demjenigen, der mit der Runde beginnen möchte, reichen Sie den Ball oder Stein und die Hinweisfrage: „Wie geht es mir in diesem Augenblick?“ Fügen Sie hinzu, ob die Teilnehmer zum Beispiel mit einem Satz antworten sollen. Sie können aber auch alles offen lassen. Es ist möglich, andere Fragen zu stellen, so z. B. „Was ist mir noch von gestern in Erinnerung?", „Was wünsche ich mir für heute?"

Nach den oben erwähnten Körperübungen bitte ich die Teilnehmer um zwei Dinge: einen Satz darüber, ob ihnen die Körperübungen gut getan haben oder eher nicht, und einen zweiten Satz, wie es ihnen im Augenblick geht. Am einfachsten ist es, wenn die Teilnehmer der Reihe nach sprechen, dann muss niemand lange überlegen, ob er sich jetzt meldet oder nicht. Das kann nämlich sehr stressauslösend sein. Andere Teilnehmer erleben gerade diese festgeschriebene Reihenfolge als Stress. Als Alternative bietet sich das „Popcorn-Prinzip" an: Wer reif ist, platzt, das heißt: Er fordert den Ball an und spricht.

Farbe und Wörter kennzeichnen Stimmungen

Sie bitten die Teilnehmer ihre momentane Verfassung in einem Begriff und einer Farbe auszudrücken. Diese können Sie dann in einem Mindmap auf einem Flipchart festhalten.

Wetterberichte als Stimmungsanzeige

Die Teilnehmer können ihre momentane Verfassung und Stimmung auch in Form eines Wetterberichts abgeben.

Weitere Varianten

Als weitere Varianten habe ich kennen gelernt: Lassen Sie Verfassung und Stimmung in Form einer Landschaft widerspiegeln oder alternativ in der Frage, welcher Schuh eine bestimmte Stimmung oder mentale Verfassung darstellt. Sie sehen: Die Liste ist beliebig erweiterbar.

74 Check-in

Zur Methode

Zu Tagesbeginn ist es sinnvoll, jede einzelne Stimme zu hören. Ähnlich wie bei der Übung „Blitzlicht" wird eine Runde nach einem bestimmten Ritual durchgeführt, nur mit einer anderen Metapher, die ich in der Form bei Stephan Rude kennen lernte. Diese Methode kann man auch als Feedback oder integrativen Teil am Ende eines Tages einsetzen.

Verlauf

Sie erzählen von der anderen Kultur des Zuhörens bei den Indianern. Jeder, der spricht, nimmt den Redestab und gibt seinen

Beitrag zum Besten, die anderen hören derweil zu und sprechen nicht dazwischen! Am Ende eines jeden Beitrags murmeln alle „mmmhmmmh“ (Wenn Sie den Film „Der mit dem Wolf tanzt“ gesehen haben, haben Sie eine Vorstellung von diesem Murmeln, das ich meine). Das Gemurmel bedeutet nicht: „Ich stimme dem zu“ oder „Das ist das Gelbe vom Ei“, sondern es bedeutet: „Ich habe dich gehört und respektiere deine Meinung.“ Sie können eine Struktur mit den Punkten vorgeben, zu denen die Teilnehmer sich äußern sollen. Zum Beispiel, wie geht es mir:
A: mit dem Inhalt
B: mit mir selbst
C: mit der Gruppe.

In der ersten Runde wird der Redestab jeweils zum Nächsten weitergegeben. Bei der ersten Runde kann man auch aussetzen. Danach gibt es eine zweite Runde, in der nur diejenigen sprechen sollten, die in der ersten Runde noch nichts gesagt haben. Es kann für manchen entlastend sein, erst einmal abzuwarten, was die anderen sagen, und Zeit zu haben zu überlegen.

Ihre Trainer-Aufgabe *Schreiben Sie drei Fragen auf ein Flipchart, so dass die Teilnehmer die gesamte Zeit über vor Augen haben, wozu sie sich äußern sollen.*

75 Is' was?

Zur Methode Diese nette kurze Übung lernte ich auf einem Moderationsseminar kennen. Wenn nicht viel Zeit ist für ein Blitzlicht oder Ähnliches, gibt dies die Möglichkeit zu klären, ob etwas Wichtiges anliegt oder hinderlich für die Arbeit sein könnte.

Verlauf Auf dem Boden liegt eine Moderationskarte oder -Wolke mit der Frage „Is' was?“ und dazu die Frage: „Gibt es etwas von euch, das ihr loswerden wollt? Ist noch etwas zu klären, bevor wir inhaltlich einsteigen?“

Ihre Trainer-Aufgabe *Sie schreiben „Is' was?“ auf eine Moderationswolke.*

76 Einpunktfrage

Zur Methode

Dies ist eine klassische Moderationsmethode, die man für die unterschiedlichsten Themen und bei den unterschiedlichsten Situationen einsetzen kann. Hier geht es darum, zu Beginn des Tages die Stimmung der Gruppe auf schnelle und gleichzeitig sehr anschauliche Art mitzubekommen.

Verlauf

Sie haben eine Pinnwand vorbereitet. Auf der Moderationswolke steht die Frage: „Wie ist die Stimmung?" In der Mitte haben Sie eine senkrechte Spalte eingerichtet, wo die Teilnehmer ihre Punkte eintragen können, daneben sind verschiedene Stimmungssymbole, z. B. in Form von Wetter, geklebt: von strahlendem Sonnenschein über wechselnde Bewölkung, Regen bis hin zu Gewitter.

Sie bitten die Teilnehmer, ihren Punkt neben das passende Symbol zu kleben. Zusätzlich können sie einen Kommentar auf eine Moderationskarte schreiben, daneben kleben und mit dem entsprechenden Punkt verbinden.

Beispiel

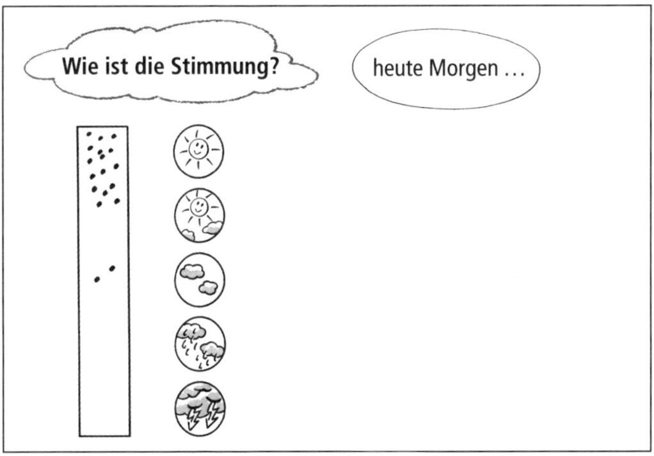

Ihre Trainer-Aufgabe

Sie bereiten die Pinnwand vor bzw. deren Bestandteile: die Moderationswolke, die Symbole auf runden Scheiben. Die Skala können Sie vor Ort auf das Packpapier einzeichnen.

77 Morgenrunde

Zur Methode

Dies ist eine etwas ausführlichere Zwischenauswertung, die sich etwa in der Mitte eines Seminars anbietet. Hier haben Teilnehmer und Trainer Gelegenheit, ihre Bedürfnisse und Interessen zu äußern. Sie als Trainer erfahren, ob das Seminar bisher die Interessen der Teilnehmer getroffen hat. Diese Methode habe ich nach F. Schulz von Thun, Uni Hamburg, übernommen.

Verlauf

Sie zeichnen ein Dreieck und haben die Themen auf verschieden farbigen Karten an die Spitzen geklebt:
„ES“ (oder: Thema/Methoden/Inhalt) in Blau
„ICH“ in Grün (persönliches Erleben, Stimmung, Gefühle, Bedürfnisse)
„WIR“ in Gelb (Seminar-Klima, Gruppe, Leitung).
Sie können noch ein Wölkchen „Drum und Dran“ dranhängen. (Tagungshaus, Zeiten etc.).

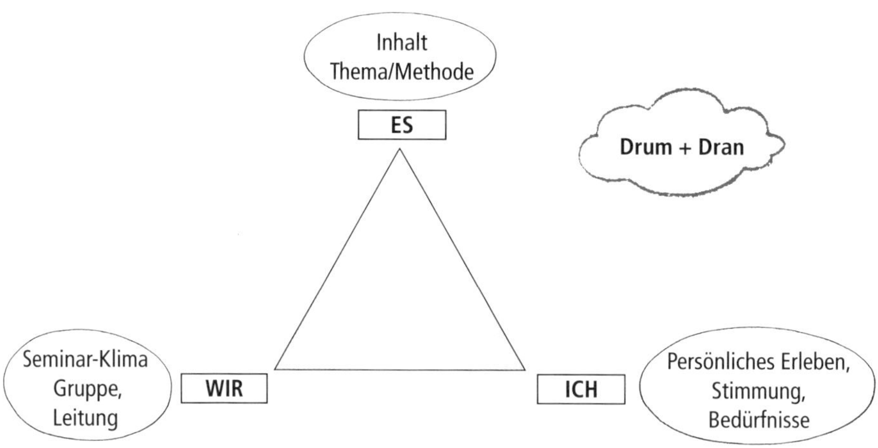

Jeder 4. Teilnehmer gehört zu den „Vorreitern“. Diese äußern sich in der ersten Runde zu allen 4 Punkten. In einer zweiten Runde können nun noch weitere Teilnehmer zu einem oder mehreren Punkten sprechen.

Ihre Trainer-Aufgabe

Sie bereiten das entsprechende Flipchart mit dem Dreieck und den Karten vor.

4.1.2 Tagesauswertung

78 Wie war der Tag?

Zur Methode

Diese Methode habe ich in einem Seminar zum Thema „Moderationstraining“ bei Silvia Worbe und Ulrich Falck kennen gelernt. Die Auswertungspunkte der Teilnehmer werden schriftlich festgehalten und für alle visualisiert.

Verlauf

Die Teilnehmer bekommen Moderationskarten und Filzstifte in die Hand – und 5 Minuten Zeit. Auf der Moderationswolke steht: „Wie war der Tag?“ Jeder Einzelne kann so viele Karten beschriften, wie er möchte. Auf die roten Karten: „Was hat mir gefallen?“, auf die blauen Karten: „Was hat mir nicht so gut gefallen?“, auf die orangefarbenen Karten: „Was ich sonst noch sagen will.“ Anschließend werden die Karten nach Farben sortiert auf den Boden gelegt. Nacheinander lesen Sie die Karten vor, wer mag, kann noch etwas ergänzen.

Ihre Trainer-Aufgabe

Sie brauchen nur eine entsprechende Frage auf eine Wolke zu schreiben und sich Fragen zu überlegen, die Sie abfragen möchten.

79 Tagesauswertung mit Partner

Zur Methode

Sie können diese Methode einmal einsetzen oder während des gesamten Trainings. Zu Beginn des Seminars wählt sich jeder entweder einen Partner oder die Partner finden sich durch ein Spiel. Mit diesem Partner tauscht man sich jeden Abend 5 – 10 Minuten lang aus.

Verlauf

Geben Sie den Teilnehmern folgende Fragen an die Hand:
„Was hat mir heute besonders gut gefallen?“
„Was ist mir noch unklar?“
„Womit konnte ich gar nichts anfangen?“
„Welche Idee von heute will ich umsetzen?“

Ihre Trainer-Aufgabe

Sie können sich Fragen überlegen und auf ein Flipchart schreiben oder sie aus der Situation heraus entwickeln.

80 5-Minuten-Video

Zur Methode *Wenn Sie einmal eine etwas andere Form der Auswertung machen wollen, können Sie diese Methode einsetzen.*

Verlauf
1. In der ersten Phase beantwortet jeder Teilnehmer für sich selbst die Frage: „Wenn du über den heutigen Tag ein 5-Minuten-Video drehen würdest, was würdest du auswählen?"
2. Anschließend tauscht sich jeder mit einem Partner darüber aus, was er auswählen würde und warum.

Variante Wenn das Seminarthema Kreativitätstraining beinhaltet, kann es noch etwas ausgebaut werden:
- Die Teilnehmer wählen nicht nur inhaltliche Schwerpunkte aus, sondern überlegen auch die Form der Darstellung, die Situationen und Szenen.
- Sie können auch Skizzen dazu anfertigen oder Szenen vorspielen.

81 Mentale Integration

Zur Methode *Diese Methode aus der Suggestopädie setze ich gerne ein, wenn der Seminartag sehr intensiv und vielfältig war. Es tut den Teilnehmern gut, zum Abschluss des Tages ausgiebiger zu entspannen, die Geschehnisse und Inhalte des Tages zu ordnen und sich setzen zu lassen. Mit dieser Methode können die Teilnehmer einen Teil der Verantwortung an ihr Unterbewusstsein abgeben, das Sorge dafür trägt, das zu behalten, was für sie wichtig ist. Dieses Bild hilft den Teilnehmern, sich noch mehr zu entspannen, was in der Tat eine gute Voraussetzung dafür ist, dass die Inhalte im Gedächtnis abgespeichert werden.*

Einleitung

Erläutern Sie die Methode kurz: Ihr braucht während der Übung nicht aktiv zu sein. Vielleicht tauchen Bilder zu dem auf, was ich sage, oder ihr lauscht einfach der Musik und entspannt ... Es ist alles richtig so und in Ordnung.

Text

„Ich schlage dir vor, noch einmal den Ablauf des bisherigen Tages zu vergegenwärtigen. Mach es dir für einen Augenblick ganz bequem: wenn du magst, kannst du die Augen schließen oder sie auf einem Punkt im Raum ausruhen lassen ... Nimm wahr, wie du vom Stuhl getragen wirst ... wie deine Füße den Boden berühren ... wo dein Körper den Stuhl berührt ... (alternativ: wie dein Körper am Boden liegt ... wie du vom Boden getragen wirst ... wo du den Kontakt zum Boden spürst ...) und du weißt, dass du jederzeit deine Haltung verändern kannst, um es dir noch bequemer zu machen ... und um dich noch mehr zu entspannen ...

Nimm für einen Augenblick deinen Atem wahr ... spüre wie du einatmest ... und wie die Ausatmung geschieht ... und mit jedem Ausatmen kannst du noch mehr loslassen ... dich noch mehr entspannen ... Und während du dich immer tiefer entspannst, kannst du dir vorstellen ... dass du eine Bildergalerie besuchst. Auf den Bildern sind die verschiedenen Stationen des heutigen Seminartages abgebildet. Du hast heute viel erreicht und du kannst es genießen, noch einmal entspannt auf den Tag zurückzublicken, an dem du so viel gelernt und erfahren hast. Du erinnerst dich daran, wie du heute Morgen in den Seminarraum gekommen bist ... welche Stimmung ist dir noch in Erinnerung? Welche Erwartungen, Gefühle hattest du? ... Das Zusammentreffen mit den anderen ... und der Beginn des Seminars. Als Einstieg die Körperübungen ... vielleicht erinnerst du dich noch an dein Körpergefühl, vielleicht auch an Gedanken und Gefühle ... z. B. ein Vorsatz, dir so etwas öfter in deinem Alltag zu gönnen ... ? ... Dann ... (gehen Sie nun die verschiedenen Stationen des Tages durch)."

Fragen zwischendurch

- Was war in dieser Situation wichtig/bedeutsam für dich?
- Vielleicht erinnerst du noch an eine wichtige Aussage/oder eine Frage ...
- Was hat dich daran besonders interessiert?
- Was war daran vielleicht neu für dich?
- Hast du schon eine Idee, was du damit machen möchtest?
- Hast du schon eine Idee, wie du es anwenden möchtest?

Text

Du kannst noch einmal in deinem eigenen Tempo durch die Galerie gehen oder dich an einen angenehmen Platz setzen und die Eindrücke noch einmal wirken lassen. Anregungen von außen ebenso wie das, was in dir vorgegangen ist. Vielleicht hast du ganz neue Erfahrungen mit dir und dem Thema (… xy…) gemacht…
Was war für dich heute wichtig oder interessant? Gibt es Fragen, mit denen du dich weiter befassen möchtest?…
Was war neu für dich oder bekannt, aber in einem neuen Gewand?
…

Du kannst darauf vertrauen, dass sich das, was du heute gelernt und aufgenommen hast, in dein bisheriges Wissen und deine Erfahrungen integriert und du jederzeit darauf zurückgreifen kannst, wenn du es möchtest. Vielleicht auch in abgewandelter Form, so wie es für dich am besten passt.

Du lässt noch einmal einen letzten Blick durch die Galerie schweifen und verabschiedest dich von ihr… Komm dann langsam mit deiner Wahrnehmung wieder hierher zurück, wende deine Aufmerksamkeit nach außen, nimm die Musik wahr, meine Stimme … spüre deinen Körper, wie er auf dem Stuhl sitzt (auf dem Boden liegt)… nimm einen tieferen Atemzug und lass langsam in deinem Körper Bewegung aufkommen … du kannst dich strecken und recken und gähnen… und die Augen öffnen und den Raum und die Gruppe wieder wahrnehmen… “

Ihre Trainer-Aufgabe

Sie können sich an dem vorliegenden Text orientieren, einen eigenen schreiben oder frei formulieren. Da ich den Tagesablauf im Seminar auf einem Flipchart visualisiere, kann ich mich daran orientieren. Es kann hilfreich sein, den Seminarplan zur Hand zu haben, weil Sie sich vielleicht sonst auch nicht an alle Details erinnern.

82 Gegenstände zuordnen

Zur Methode

Diese Auswertungsform setze ich sehr oft ein, weil sie kaum Zeit und keinerlei Vorbereitung erfordert, Ihnen als Trainer aber einen ganz guten Überblick darüber gibt, wie die Stimmung ist und was die Teilnehmer mit dem Tag anfangen konnten. Ich setze sie meist im Anschluss an die „Mentale Integration" oder eine andere Form von Tagesrückblick ein, sie kann aber auch unabhängig davon durchgeführt werden.

Verlauf

Die Teilnehmer sitzen in einem Stuhlkreis, am Boden ist ein Mittelpunkt durch Blumen, bunte Tücher oder anderes gekennzeichnet.

Sie bitten die Teilnehmer, irgendeinen Gegenstand (einen Stift, einen Schlüssel ...) auf den Boden zu legen und dem Mittelpunkt zuzuordnen. Wenn sie ihn vor ihre Füße legen, bedeutet das, dass sie den Tag ganz übel fanden und am liebsten sofort nach Hause gehen wollten (also 0 %), wenn sie ihn ganz in die Mitte legen, bedeutet das 100 %.

Ich gebe dann ein „Startzeichen", so dass alle Teilnehmer gleichzeitig ihren Gegenstand hinlegen, damit sie sich nicht von den anderen beeinflussen lassen.

Anschließend können die Teilnehmer Ergänzungen oder Erläuterungen zu ihren Zuordnungen geben, müssen sie aber nicht.

Ob die Teilnehmer etwas Ergänzendes sagen oder nicht, hat nach meiner Erfahrung nicht unbedingt etwas damit zu tun, wie gut sie etwas fanden oder nicht. Manchmal ist es einfach eindeutig: Die Stimmung ist prima, die Gegenstände liegen ziemlich im inneren Kreis und außerdem sind die Teilnehmer müde oder haben Hunger. An anderen Tagen haben sie Lust, noch etwas zu sagen oder anzufügen.

83 Bewegtes Feedback

Zur Methode *Auch dies ist noch einmal eine ganz andere Form der Rückmeldung, eine kreative und bewegte für Kinästheten. Ich würde sie nicht gleich am ersten Seminartag einsetzen, wenn die Teilnehmer vielleicht noch etwas gehemmt sind. Später kann es für alle ein großer Spaß werden.*

Verlauf Die Teilnehmer bekommen folgende Anweisung: „Überlege dir eine Körperhaltung oder Bewegung, die ausdrückt, wie der Tag (oder das Seminar) für dich war.“ Jeder führt dann die Haltung oder Bewegung vor, die er sich ausgedacht hat. Dabei soll er aber nichts sagen oder erklären. Er macht die Bewegung vor, alle machen die Bewegung mit und versuchen zu spüren, was sie wohl ausdrücken soll. Diese Eindrücke können von den Teilnehmern vorgetragen werden, im Anschluss tauschen sich die Teilnehmer aus, was mit den vollführten Bewegungen und Körperhaltungen wirklich ausgedrückt werden sollte.

84 Liederhaken und Ungereimtes

Zur Methode *Diese Methode soll den Teilnehmern helfen, das im Seminar Gelernte oder Erfahrene zu behalten. Man könnte es als eine Eselsbrücke ansehen. Gleichzeitig trainiert diese Methode auch die Kreativität, denn sie erfordert freies Assoziieren und das Überwinden von Hemmungen.*

Verlauf Die Teilnehmer haben sich Notizen zu einem besonderen Thema gemacht oder zu Methoden, die sie kennen gelernt haben und die sie sich nun merken wollen. Diese Notizen bringen sie nun mit einem bekannten Lied in Verbindung und schreiben den Liedtitel daneben. Dabei können sie frei assoziieren, denn das Lied muss inhaltlich nichts mit dem Thema oder der Methode zu tun haben.

Beispiel

Methode Lernstraße
„Hänschen klein, ging allein“ ... oder das Pfadfinderlied: „Ich wählt als Weg durchs Leben ... „

Methode Vorführung oder Sketch
„Horch, was kommt von draußen rein ... "

Methode OHP-Vortrag
„Die Luft ist so blau und das Tal ist so grün... "

Sie werden schon an den Beispielen merken, dass Sie vielleicht nicht alle Assoziationen nachvollziehen können, denn diese sind immer subjektiv und persönlich. Wichtig ist nur, dass sie helfen, etwas zu behalten.

Varianten

Die Teilnehmer können auch **Blödel-Zeitungsüberschriften** erfinden:
Methode Lernstraße
„Lernen auf der Straße, weil es zu wenig Klassenräume gibt!"

Methode Lehrer-Sketch
„Wie unser Lehrer verrückt wurde."

Sie können auch Reime oder Merksätze entwickeln oder **Fantasiekurstitel**, die alle mit dem gleichen Anfangsbuchstaben beginnen:
„Atmen mit Anna in Afrika"
„Beten mit Beate in Bethlehem"
„Kommunikation mit Karl in Kalkutta"
„Lernen mit Luise in Lissabon"
„Motivieren mit Michael auf Malta"
„Zaubern mit Zamyat auf Zypern"

85 Neu und nützlich

Zur Methode

Dies ist noch einmal eine Zusammenfassung verschiedener Möglichkeiten, das Gelernte zu integrieren und zu behalten. Es ist hilfreich, sich am Ende eines Seminartages oder auch zwischendurch Notizen zu machen, um sich noch einmal daran zu erinnern, was alles gemacht wurde und was man damit anfangen kann. Bezüglich Anwendung und Übertragbarkeit klären sich viele Dinge zwar erst später, trotzdem hat man ein erstes Gefühl oder auch schon Ideen oder Ansätze. Es ist immer nützlich, sich zwischendurch zu fragen: „Was habe ich heute erfahren/gelernt? Was kann ich damit anfangen?“

Diese Fragestellung führt auch zu einer Konzentration auf das Positive, auf das, was für einen selbst wichtig ist. Manchmal ist unser Blick stärker auf Negatives gerichtet, das, was nicht geklappt hat oder uns nicht gefallen hat. Hier wird die positive Seite geübt. Es tut gut, den Tag mit den Gedanken daran, was uns gefallen hat, zu beenden.

Verlaut

Am Ende eines jeden Tages (oder auch zwischendurch) räumen Sie Zeit für die Teilnehmer ein, sich Notizen zu machen.

- Zuerst beantwortet jeder in Einzelarbeit folgende Fragen: „Was war neu und nützlich für mich?“ Dazu werden auch Ideen zur Anwendung und Weiterführungen notiert.

1. Jeder sucht sich einen Partner und erzählt diesem ganz begeistert davon, so als ob man diesem unbedingt ein tolles Produkt verkaufen wollte.
2. Austausch der Partner: Hat es den Partner mitgerissen, obwohl er für sich eine ganz andere Auswahl getroffen hatte? Konnte er dadurch auch positive Aspekte daran wahrnehmen?

4.1.3 Seminarauswertung

86 Stimmungsbarometer

Zur Methode

Mit dieser Methode können Sie eine sehr detaillierte Rückmeldung der Teilnehmer einholen, die außer den verschiedenen Seminartagen einzelne Themen und Methoden bewertet. Wenn am Ende des Seminars die komplette Wandzeitung an der Wand hängt, kann sie gut als Grundlage für die letzte Auswertungsrunde genommen werden. Oft erinnern die Teilnehmer sich eher an das, was ihnen kurz zuvor passiert ist, und nicht daran, wie es ihnen drei Tage zuvor ging, was das Gesamtbild verfälschen kann. Verweisen Sie auf die tägliche Auswertung und fragen Sie, in welcher Beziehung die momentane Aussage zu dem Stimmungsbarometer steht.

Verlauf

Sie hängen eine Wandzeitung auf, auf der eine Spalte für jeden Tag eingezeichnet ist. Diese Spalte unterteilen Sie dann in verschiedene Felder, die jeweils mit einem Thema oder einer Methode überschrieben sind. Daneben hängen Sie Plakate mit Symbolen für das Stimmungsbarometer (siehe Abbildung) auf. Die Teilnehmer werden aufgefordert, am Ende des Seminartages Symbole zu den verschiedenen Seminarteilen einzutragen.

Sie können sich am Abend einen schnellen Überblick verschaffen, wie die Stimmung ist, womit die Teilnehmer etwas anfangen konnten, welche der Methoden sie weniger ansprechend fanden. Entscheiden Sie, ob Sie daraus Konsequenzen ziehen.

Für die Teilnehmer bedeutet es zum einen eine kurze Reflexion über den Tag, zum anderen entstehen auch noch Gespräche oder Diskussionen über manche Punkte (wenn jemand eine Übung zum Beispiel völlig anders bewertet und ein anderer nachfragt …).

Ihre Trainer-Aufgabe

Vorbereitung und Aufhängen der Wandzeitung, allerdings nur die grobe Aufteilung nach Tagen. Die einzelnen Unterpunkte des Tages würde ich erst kurzfristig eintragen. Zum einen kann es ja sein, dass Sie spontan etwas an Ihrer Planung geändert haben, zum anderen wollen Sie vielleicht nicht, dass die Teilnehmer bis in die kleinste Methode das Programm bis Freitag schon vorab sehen.

Beispiele

Stimmungsbarometer

 Aha-Erlebnis

 Harmonie; sehr wohl gefühlt

 gut gelaunt, Erfolgserlebnisse gehabt

 interessant; voller Hoffnung

 Ärger

	Identitätskrise
	wollte am liebsten abhauen
	langweilig
	wie im Urlaub; erholsam
	viele neue Erfahrungen; viel gelernt

87 Schaufenster (nach Carmen Thomas)

Zur Methode *Da ich einige Male erlebte, wie willkürlich eine offene Endauswertungsrunde sein kann, war ich sehr froh, als ich diese Methode bei einem Workshop von Carmen Thomas kennen lernte. Hier ist eine Struktur vorgegeben, ein Rahmen, zu dem jeder etwas mitteilt. Das verhindert, dass der erste Teilnehmer sich zum Thema „Pausenzeiten im Seminar" auslässt und die anderen Teilnehmer sich an dieses Thema hängen und darüber diskutieren, ob die Mittagspause zu kurz, zu lang oder genau richtig war. Solche offenen Auswertungsrunden sind oft sehr zufällig und hängen weitgehend von der momentanen Stimmung der Teilnehmer ab. Sie geben nicht immer einen repräsentativen Überblick über das Erleben der Woche oder der Seminartage ab.*

Verlauf Sie haben auf einem Flipchart folgende 4 Fragen notiert:

1. (in Rot): „Was war für mich bezüglich Inhalt und Methoden wichtig?"
2. (in Blau): „Was ist noch offen?"
3. (in Schwarz): „Was hat mir nicht gefallen?"
4. (in Grün): „Was hat mir gefallen?"

Es ist wichtig, dass die Teilnehmer sich an die Reihenfolge halten. Auch diese Übung berücksichtigt, dass es immer etwas Negatives und etwas Positives gibt, auch wenn die Gewichtung unterschiedlich ist.

In der Originalfassung von C. Thomas bekommt jeder Teilnehmer eine Karte (Schaufenster) mit vier Feldern, auf denen vier verschiedene Post-it-Zettelchen in vier Farben (Rot, Weiß, Grau, Grün) kleben. Jeder schreibt zunächst für sich allein Antworten auf einen Zettel. So wird verhindert, dass niemand vorab beeinflusst wird. Anschließend liest jeder Teilnehmer vor, was er geschrieben hat, und stellt somit sein „Schaufenster" vor. Dieses System nennt sich auch „Vistem = Visualisieren mit System" (siehe Glossar und Literaturhinweise).

Auch wenn Sie nicht mit diesen Materialien arbeiten, können Sie die Teilnehmer bitten, sich schriftliche Notizen zu machen und diese anschließend vorzutragen. Dann ist auch der Aspekt berücksichtigt, dass die Teilnehmer sich nicht zu sehr von anderen beeinflussen lassen. Dazu können Sie Moderationskarten oder Post-it-Zettel verteilen und diese anschließend einsammeln.

Ihre Trainer-Aufgabe

Je nach Variante schreiben Sie die vier Fragen auf ein Flipchart oder bereiten Sie die Schaufenster vor.

88 Fischernetz

Zur Methode

Diese Methode lernte ich bei einem Moderationstraining von Silvia Worbe und Ulrich Falck kennen. Sie ist kurz, schnell und wirkungsvoll, und das Bild gefiel mir auch.

Verlauf

Auf Pinnwände sind Netze gezeichnet. In der Ecke steht: „Was ist hängen geblieben?", dazu die Aufforderung, die zwei wichtigsten Lernerfahrungen auf zwei Moderationskarten zu schreiben und in das Netz zu heften. Anschließend werden die Karten vorgelesen.

Ihre Trainer-Aufgabe

Eine oder zwei Pinnwände in Fischnetze verwandeln, d. h. Netze auf Packpapier zeichnen und die Frage aufschreiben (siehe Abbildung auf Seite 170).

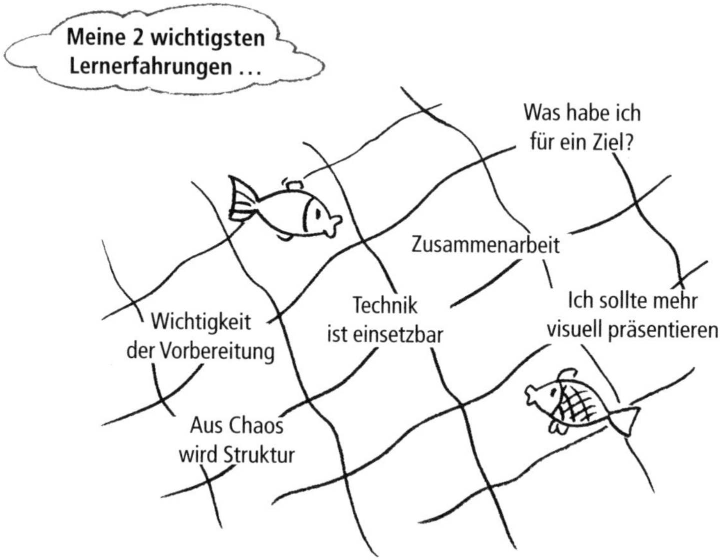

89 Auswertung mit Moderationskarten

Zur Methode *Diese Methode knüpft an die Methode Kartenfrage Nr. 13 an.*

Verlauf Sie hängen die Plakate mit den Karten der Kartenfrage wieder auf, so dass die Teilnehmer noch einmal ihre Wünsche und Befürchtungen vor Augen haben. 1. Pinnwand: „Das wird ein tolles Seminar, wenn… “(gelbe Karten), 2. Pinnwand: „Das wird ein blödes Seminar, wenn … “(blaue Karten).

Die Teilnehmer bekommen zwei grüne Klebepunkte für die gelbe Pinnwand und die Frage: „Welche deiner Wünsche wurden nicht erfüllt?“ Außerdem gibt es ein leeres Oval für ungenutzte Punkte. Für die blaue Pinnwand bekommen sie zwei schwarze Klebepunkte und die Frage: „Welche deiner Befürchtungen sind eingetroffen?“ Und auch hier gibt’s einen Platz für ungenutzte Klebepunkte.

Die Teilnehmer kleben gleichzeitig ihre zwei Punkte auf jede Wand, anschließend werden alle Karten, die einen Punkt bekommen haben, vom Trainer vorgelesen. Sie können um Ergänzungen bitten, für den Fall, dass jemand etwas sagen möchte, das er durch Punkte nicht ausdrücken konnte.

Ihre Trainer-Aufgabe

Sie schreiben die zwei Fragen „Platz für ungenutzte Klebepunkte" und stellen zwei Farben von Klebepunkten zur Verfügung.

90 Postkarten

Zur Methode

Diese Methode knüpft an die Nr. 14 unter „Erwartungen an das Seminar" an.

Verlauf

Sie holen die Pinnwand mit den Postkarten hervor und bitten die Teilnehmer, nacheinander nach vorne zu kommen, die beiden Karten vom ersten Tag abzunehmen und sich in ihrer Auswertung darauf zu beziehen (aber nicht unbedingt darauf zu beschränken). Zum Beispiel: „Diese Karte hatte ich unter Befürchtungen gewählt, weil ich Angst hatte, es würde ein langweiliges Seminar werden. Aber ich habe es so und so erlebt…".

91 Offenes Schreiben

Zur Methode

Diese Form hab ich selbst schon lange nicht mehr eingesetzt. Früher habe ich aber damit gute Erfahrungen gemacht.

Verlauf

Die Teilnehmer nehmen Papier und Stift zur Hand und schreiben in völlig freier Form auf, was sie als Auswertung zu dem Seminar schreiben wollen. Menge und Ausführlichkeit hängen davon ab, wie viel Zeit Sie dafür zur Verfügung stellen und wie viel Sie vorher ankündigen. Die Ergebnisse waren sehr unterschiedlich: Von einer DIN-A4-Seite bis hin zu zehn Seiten, manche geschmückt mit Karikaturen und Zeichnungen, manche komisch, ärgerlich, erhellend – aber meist sehr offen und informativ.

4.2 Transfer

Transfer ist entscheidend für das Seminar. Meiner Ansicht nach hat ein Seminar nur dann etwas gebracht, wenn die Teilnehmer irgendetwas davon konkret umsetzen. Wissen allein hat (meist) nicht viel Sinn, wenn es nicht in konkrete Handlung umgesetzt wird. Denn: Wissen ist nicht gleich Können. Können erlangt man nur durch konkretes Tun. Manche Dinge können sofort umgesetzt werden, anderes braucht Training, ich muss es also öfter tun. Vor allem aber muss man sofort damit anfangen. Je mehr Zeit nach einem Seminar verstreicht, umso geringer ist die Chance, dass etwas in Handlung umgesetzt wird. Mit der Zeit vergisst man die Details. Vor allem geht die innere Verbindung verloren, die Begeisterung, die positiven Emotionen und die starke Motivation, die mit einem guten Seminar einhergehen.

Wenn man bald damit anfängt, die erste, sei es noch eine so kleine Sache umzusetzen, wächst die Motivation, Neues auszuprobieren und zu realisieren. Es läuft dann quasi von alleine ... Das Ziel der meisten beruflichen und persönlichen Fortbildungen ist, dass man sich neue Fähigkeiten und Fertigkeiten aneignet und auch das Verhalten ändert bzw. erweitert.

Es ist auch möglich, dass ein Seminar einem den ersten „Floh ins Ohr setzt" und die Sache erst einmal im Kopf reifen muss. Ich weiß noch, dass ich in meinem allerersten Yogakurs fast empört darüber war, dass die Lehrerin nicht nur Übungen anleitete, sondern gleichzeitig auch etwas über gesunde Ernährung, eine gute Lebensweise und die Philosophie des Yoga erzählte.

Zwei Jahre später, bei einem indischen Yogalehrer, fand ich die theoretischen Erläuterungen zumindest ganz interessant, sie hatten aber scheinbar nichts mit mir und meinem Leben zu tun. Viele Jahre später machte ich selber eine Yogalehrer-Ausbildung und interessierte mich plötzlich sehr für die theoretischen Hintergründe. Ich integrierte mehr und mehr davon in mein Leben.

Eine Änderung der Einstellung zu sich und zu allgemeinen und weltanschaulichen Themen braucht seine Zeit. Trotzdem habe ich auch schon im allerersten Kurs konkrete Körperhaltungen gelernt, die ich sofort umsetzen konnte.

Bei einer beruflichen Fortbildung lautet das Ziel: Die Lehrer, die in meine Seminare kommen, wollen neue Anregungen für ihren Unterricht erhalten. Die Trainer wollen Methoden kennen lernen, die sie im nächsten Seminar einsetzen können. Teilnehmer eines Seminars zum Thema „Motivation“ beispielsweise möchten sicherlich anschließend eine spürbare Veränderung ihrer eigenen Motivation feststellen können. Darüber hinaus ist das Ziel auch, eigenen Mitarbeitern dazu zu verhelfen, Motivation zu entwickeln und zu erweitern. Alle diese Anregungen und Veränderungen in den Gedankengängen sollten sich dann auch in Haltungen und Taten ausdrücken. Die folgenden Transfer-Methoden leiten dazu an, konkrete Ziele zu formulieren und auch umzusetzen.

Zu Seminaranfang tauchen ja oftmals die Befürchtungen auf, dass das Gelernte in der Praxis nicht umsetzbar ist. Das ist eine negative Bestärkung. Bei der Schlussauswertung ist oftmals zu vernehmen, dass „das Seminar ungeheuer viel Spaß gemacht hat, Methoden und Inhalte sehr interessant sind“. Infrage wird aber immer wieder gestellt, ob das Gelernte mit Mitarbeitern, Auszubildenden, Kollegen gemacht werden kann. Dies gilt insbesondere für die Frage nach dem, was eventuell noch offen ist: „Ob und wie das hier Gelernte realisiert werden kann.“

Ich würde dann gerne sagen: „Das liegt aber doch nur an dir! Du musst es dir nur vornehmen – und natürlich daran glauben.“ Die Ängste und Befürchtungen zeigen, dass die Teilnehmer die Verantwortung für die Umsetzung des Gelernten abladen: entweder auf den Trainer, das Seminar oder gar auf ihr berufliches oder privates Umfeld.

Selbst bei einem wirklich schlechten Seminar (was niemand von uns anbieten wird), kann ich etwas lernen – und wenn ich nur lerne, was man alles falsch machen kann. Denn daraus kann ich Ziele für meine eigene Arbeit formulieren, Erkenntnisse festhalten. Vielleicht kann ich auch in das Seminargeschehen eingreifen und innerhalb einer Arbeitsgruppe etwas Sinnvolles tun ... Ansonsten liegt es in der Hand der Teilnehmer, was und wie viel sie von einem Seminar mitnehmen. Sinn der Abfrage von Seminarerwartungen ist beispielsweise: Durch das Reflektieren und Fokussieren auf das, was Teilnehmer im Seminar lernen und erleben wollen, ist die Chance größer, dass sie es nutzen.

92 Fragebogen zum Transfer

Zur Methode *Mit diesem Fragebogen können die Teilnehmer erst einmal für sich selbst klären, was sie von den Seminarinhalten, dem Gelernten und Erfahrenen umsetzen wollen. Damit es keine vagen Wünsche bleiben, halten sie schriftlich alle Schritte und notwendigen Vorbereitungen fest. Zur Bestärkung, quasi als sanften Druck, treffen sie noch eine Verabredung mit einem Partner.*

Verlauf Die Teilnehmer bekommen folgenden Fragebogen. Übrigens: Die Fragen stehen auch noch einmal groß auf einem Flipchart, anhand dessen Sie die Übung erst einmal erläutern. Teilen Sie mit, wie viel Zeit Sie zur Verfügung stellen. Wenn Sie möchten, lassen Sie leise Musik im Hintergrund laufen, die das konzentrierte Arbeiten unterstützt.

Nach der verabredeten Zeit sucht sich jeder einen Partner, vornehmlich jemanden, mit dem er auch über das Seminar hinaus gerne noch einmal Kontakt hätte. Die nun gebildeten Paare erzählen sich gegenseitig ihre Vorhaben, wann und wie sie was machen wollen. Sie vereinbaren einen Termin, wann jeder Partner anschließend über den Verlauf berichten wird. Dazu werden Adressen, Telefon- und Faxnummern sowie E-Mail-Adressen ausgetauscht, soweit vorhanden.

Ihre Trainer-Aufgabe *Diesen Fragebogen kopieren oder einen eigenen herstellen und die Fragen auf einem Flipchart notieren.*

Transfer

1) Was will ich umsetzen? ______________________________

Themen: ______________________________

____

Methoden: ______________________________

____

2) Wie? ______________________________

____

3) Wann? ______________________________

____

4) Mit wem? ______________________________

____

5) Welche **Vorarbeiten** sind notwendig? ______________________________

____

6) Welches Material brauche ich? ______________________________

____

7) Patenschaft ______________________________

Name: ____________________ Tel./Fax: ____________________

Adresse: ____________________ Termin : ____________________

93 Pyramide (nach Dorothea Driever-Fehl)

Zur Methode *Im Anschluss an den Transfer-Fragebogen bietet diese Methode noch eine weitere Unterstützung, Geplantes auch wirklich umzusetzen. Es werden mögliche Hindernisse und Schwierigkeiten vorweggenommen und bedacht, so dass auch hierfür schon jetzt Lösungen entworfen werden können.*

Aus eigener Erfahrung kann ich sagen, dass das noch einmal einen zusätzlichen Schwung gibt und auch die Motivation zur Umsetzung enorm erhöht, weil ich durch diesen Zwischenschritt auf zusätzliche und reizvolle Ideen für die Umsetzung gekommen bin.

Verlauf Die Teilnehmer zeichnen eine Pyramide auf ein Blatt und teilen diese in mehrere Stufen ein – je nachdem, wie viele Vorsätze sie so bearbeiten wollen. In die verschiedenen Stufen-Felder schreiben sie jeweils ein Vorhaben, das Leichteste nach unten, das Schwierigste oder Entfernteste nach oben. Überschrift: „Das will ich umsetzen!" Die Linien werden nach rechts und links über die Pyramide hinaus gezogen, auf der linken Seite steht „Mögliche Schwierigkeiten", auf der rechten Seite „Strategien zur Überwindung."

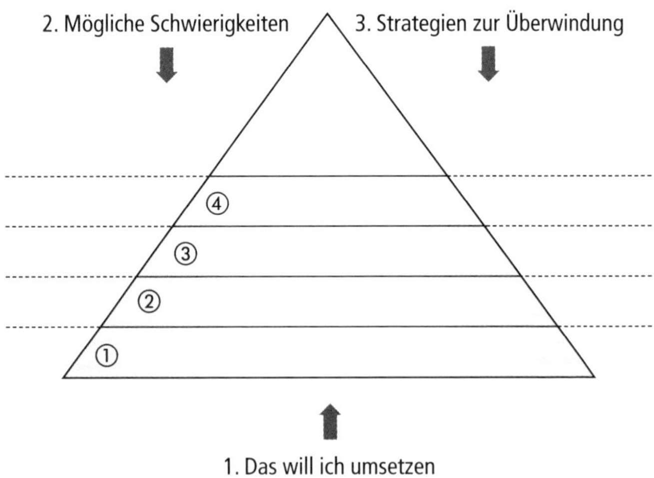

94 WEPT

Zur Methode

Diese Methode ist eine Reaktion auf negative Voraussagen und Zweifel der Teilnehmer, ob und was umgesetzt wird. Eine sehr häufige Aussage ist diese, dass das Seminar großen Spaß gemacht hat, die vorgestellten Methoden interessant waren. Oftmals wollen die Teilnehmer „versuchen", die neuen Erkenntnisse umzusetzen. Doch schon allein in dem Wörtchen „versuchen" steckt die Möglichkeit und Erwartung des Versagens. Stattdessen sollte man sagen: „Ich mache ab jetzt das und das". Dann steckt eine ganz andere Kraft und Überzeugung dahinter. Denn: Es liegt an dir! Nur du triffst die Entscheidung!

Hiermit präsentiere ich Ihnen also die „WEPT-Methode" oder das „WEPT-Prinzip". Diese Bezeichnung entstand aus der Sitte, allen möglichen Methoden auch Fantasienamen zu geben, die sich aus den Anfangsbuchstaben zusammensetzen.

Verlauf

Geben Sie Ihren Teilnehmern die folgenden Punkte an die Hand (Flipchart, Arbeitsblatt):

1. Du musst es wirklich **W**ollen!
2. Du triffst eine verbindliche **E**ntscheidung!
   (Du fasst einen Entschluss, machst einen Vertrag mit dir selber oder einem Partner).
3. Du **p**lanst die Umsetzung konkret wie folgt:
   Was? Wie? Wann? Mit wem?
4. Dann **t**ust du es!

WEPT bedeutet also: **W**ollen, **E**ntscheiden, **P**lanen, **T**un.
Simpel, aber wirkungsvoll.

Weiterarbeit

Wenn Sie dies Ihren Teilnehmern nur als Prinzip nahe bringen, geben Sie Ihnen anschließend den Fragebogen (Nr. 92).

Ihre Trainer-Aufgabe

Schreiben Sie ein Flipchart und kopieren Sie den Fragebogen.

Verpflichtung

Wenn man sich nicht verpflichtet,
gibt es Zögern, die Möglichkeit sich zurückzuziehen,
immer Ineffektivität.

Betrachtet man alle Taten der Initiative (und Schöpfung),
dann gibt es eine elementare Wahrheit,
deren Außerachtlassung unzählbare Ideen
und hervorragende Pläne zunichte macht:

In dem Moment, in dem sich jemand definitiv verpflichtet,
bewegt sich auch die Vorsehung.
Alle möglichen Dinge, die ansonsten nie aufgetaucht wären,
geschehen, um einem zu helfen.
Ein ganzer Strom von Ereignissen entspringt der Entscheidung
und begünstigt unvorhergesehene Begebenheiten,
Begegnungen und materielle Hilfe,
von denen kein Mensch sich hätte träumen lassen,
dass sie jemals möglich gewesen wären.

Ich habe tiefen Respekt
für einen von Goethes Versen entwickelt:

„*Was immer du zu tun oder zu träumen vermagst –
wag dich noch frisch daran.
Kühnheit trägt Genie, Kraft und Magie in sich.*“

W. N. Murray
Die schottische Himalaya-Expedition
1951

95 Fantasiereise

Zur Methode

Die Fantasiereise können Sie an die Methode 92 Fragebogen oder 94 WEPT anschließen. Mit ihrer Hilfe können die Teilnehmer visualisieren, wie sie das Geplante tatsächlich realisieren und umsetzen und wie sie dabei erfolgreich sind. Dies sind mächtige Impulse an das Unbewusste. Wir benutzen ja schon mal die Redewendung „Das kann ich mir nicht vorstellen!". Was ich mir nicht vorstellen kann, werde ich auch niemals realisieren. Daher ist die Vorstellung dessen, was ich erreichen will, der erste Schritt dorthin. Ein zweiter Faktor ist der: Unser Gehirn macht keinen Unterschied zwischen realem Erleben und vorgestellten Bildern. Die Gefühle und Empfindungen sind aber die gleichen. Wenn ich mir also immer wieder ein positives Ergebnis, einen Erfolg „vorstelle", so erlebe ich immer wieder die Freude und den Stolz darüber. Dieses stärkt meine Motivation und steigert mein Selbstvertrauen.

Leider sind wir meistens viel geübter darin, uns auszumalen, wie wir etwas nicht schaffen, wie etwas nicht funktioniert, und suchen alle möglichen Hindernisse. Durch Fantasiereisen bekommen wir realistische Ziele und Vorsätze. Ich kann nun eher daran glauben, dass ich es schaffe, wenn ich positive Gefühle erlebt habe, die dieses Erlebnis begleiten. Mein Unbewusstes nimmt diese Botschaft auf und wird mich bei der Umsetzung unterstützen.

Verlauf

Sie tragen den Text der Fantasiereise vor, während die Teilnehmer in einer entspannten Haltung, sitzend oder liegend, zuhören. Gehen Sie bei der Wahl der Haltung auf die Bedürfnisse Ihrer Teilnehmer ein.

Text:
Schließe deine Augen … und mache es dir auf dem Boden ganz bequem … und du weißt, dass du jederzeit deine Lage verändern kannst, … so dass du noch entspannter sein kannst … Spüre, wie dein Körper am Boden liegt … und du das ganze Körpergewicht … noch mehr … an den Boden abgeben kannst … dich tragen lassen kannst und du kannst auch wahrnehmen … wie deine Atmung diese Entspannung unterstützt … Einatmen und Ausatmen … und du kannst dich tragen lassen … von diesem Atemrhythmus …

Heben … und … Senken … beim … Ein- … und Ausatmen … Und während du dich immer tiefer entspannst … und du deinen Körper immer mehr loslässt … kannst du auch der Musik lauschen … und dich von den Klängen … tragen lassen … und Bilder entstehen lassen … wo du noch einmal siehst … und spürst … und erlebst … was du Neues … in diesem Seminar … gelernt und erfahren hast … welche Ideen vielleicht … auftauchen … die du in der nächsten Zeit … umsetzen möchtest … Erinnere dich noch einmal … und erlebe noch einmal … wann du dich hier wohl gefühlt hast … und vielleicht Freude verspürt hast … bei der Zusammenarbeit mit anderen … der Entwicklung von Ideen … und über die Möglichkeiten, dich auszutauschen … und wahrzunehmen … dass du nicht alleine bist mit manchen Fragen …

Vielleicht sind dir schon ganz konkrete Ideen gekommen … und du siehst die ersten Schritte, die nötig sind, ganz klar vor deinem inneren Auge … Und du weißt … dass du hier im Seminar … auch Kraft tanken konntest … und spürst vielleicht … auch neue Energie … und auch den Mut … deine Ideen und Wünsche … in die Tat umzusetzen … in dem Wissen … dass du von einigen … begleitet wirst … und Unterstützung … finden kannst … Du erinnerst dich jetzt … daran, welches Projekt du hier geplant hast … und siehst dann … in die Zukunft … und lässt vor deinem inneren Auge … Bilder entstehen … wo du sehen kannst … wie du dein Projekt erfolgreich realisierst …

Du siehst die Situation … die Menschen, die daran beteiligt sind … und dich selber … wie du mit Freude und Sicherheit … das tust … mit anderen zusammen … was du dir vorgenommen hast … und erlebst … wie alle mit Freude und Energie … dieses Projekt durchführen …

Male es dir in allen Einzelheiten aus … so, wie du es dir optimal vorstellen kannst … und nimm wahr … was du alles sehen kannst … hören kannst … wie du dich fühlst … und vielleicht gibt es auch etwas zu riechen oder zu schmecken in der Situation? … Erlebe die Situation mit allen Sinnen … so als ob es … jetzt … stattfindet … Genieße dieses Erleben noch eine Weile …

2 Minuten Pause

Und dann komme mit deinem Bewusstsein ... langsam wieder hierher zurück ... in diesen Raum ... spüre deinen Körper ... wie er auf dem Boden liegt ... und lass die Augen noch einen Moment geschlossen ... und spüre noch einmal der Stimmung nach ... die die erfolgreiche Durchführung deines Vorhabens in dir erzeugt hat ...

Wenn du gleich ... in einer Weile ... die Augen öffnest ... und du dich wieder aufrichtest ... findest du in der Mitte des Raumes eine Schale ... mit kleinen symbolischen Gegenständen ... Du kannst dir einen als Erinnerungsanker für dein Vorhaben wählen und ihn als symbolische Unterstützung mitnehmen.

Nimm nun einen tieferen Atemzug ... lass kleine Bewegungen aufkommen ... an den Händen ... den Füßen ... Armen und Beinen ... und du kannst dich strecken und räkeln ... und öffne dann die Augen ... und komm wieder ganz hierhin zurück.

Ihre Trainer-Aufgabe

Schreiben Sie eine eigene Fantasiereise oder verändern Sie die vorliegende. Sammeln Sie symbolische Gegenstände, Muscheln oder Steine, es können auch Sticker sein oder was immer Ihnen einfällt und zu Ihrer Gruppe passen könnte.

96 Zurück im Arbeitsalltag

Zur Methode

Dies ist noch einmal eine Moderationsmethode, die in anderer Form als mit Fragebogen oder Fantasiereise das Gleiche bezweckt: dass die Teilnehmer konkret planen, was sie wie und wann umsetzen.

Verlauf

Auf der Pinnwand hängt ein Streifen mit der Aufschrift: „Zurück im Arbeitsalltag ..." Daneben steht: „Einsatz von ... (hier folgt der Inhalt Ihres Seminars, z. B. „Seminarmethoden"). Es bilden sich kleine Gruppen (mit jeweils 2 oder 3 Teilnehmern). Zuerst beschriftet jeder seine Moderationskarten (dafür hat er 10 Minuten Zeit), anschließend tauschen die Gruppenmitglieder sich mit ihren Partnern über ihr Vorhaben aus, teilen ihre Telefonnummer mit und vereinbaren einen Termin für ein

Telefonat. Die Karten beschriften sie zu folgenden Punkten, wie sie auf der Pinnwand aufgeschrieben sind: In der Mitte steht: „Eine Situation in den nächsten vier Wochen", d. h. „Wann?, Wo?, Mit wem?, Was?, Wie?"

Ihre Trainer-Aufgabe *Moderationskarten beschriften, Pinnwand vorbereiten.*

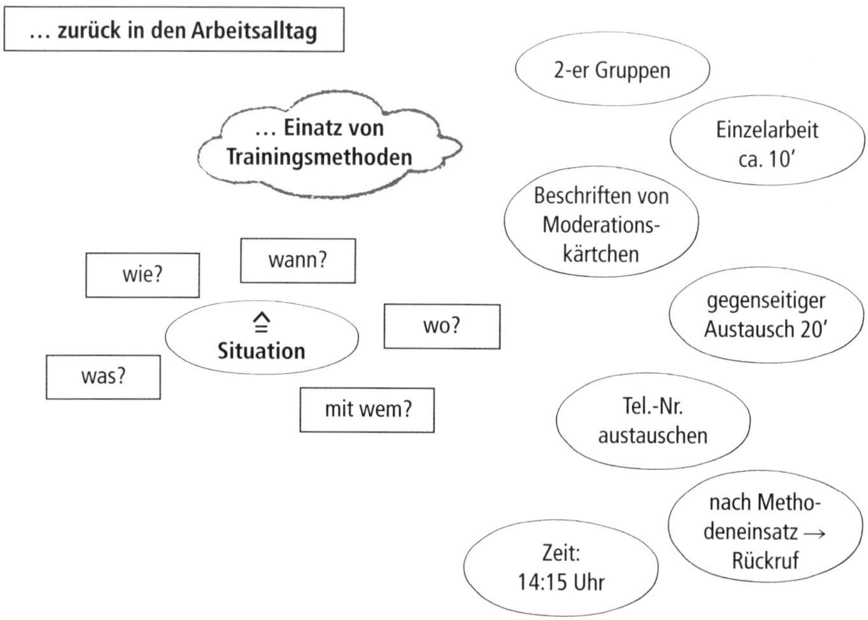

4.3 Seminarabschluss

Genauso wie ein klarer Anfang mit Einstiegsübungen Bestandteil eines jeden Seminars ist, so ist auch ein Abschlussritual unverzichtbar. Gegen Ende des Seminars besteht die Gefahr, dass sich einige Stunden vorher eine Aufbruchstimmung breitmacht. Viele Teilnehmer denken „Ach, am letzten Tag oder Vormittag läuft sowieso nichts Wichtiges mehr". Die Folge ist: Viele suchen sich einen früheren Zug raus oder verzichten auf das gemeinsame Mittagessen. Darum ist es wichtig: Bieten Sie am letzten Tag auch noch interessante Inhalte an und nehmen Sie eine klare Absprache mit den Teilnehmern vor, zu welchem Zeitpunkt alle gemeinsam das Seminar beenden können. Es ist für alle Beteiligten nicht besonders aufbauend, wenn sich am Ende einer gemeinsamen Zeit alles zerläuft.

Beenden Sie beispielsweise das Seminar mit einer kleinen gemeinsamen Abschlussübung. Wenn dazu keine Zeit oder keine Ruhe mehr ist, führe ich noch einmal den „Specknerinnen-Tanz“ durch, den wir am ersten Tag des Seminars getanzt haben. Es ist immer wieder spannend zu sehen, wie unterschiedlich diese Übung erlebt wird: Am ersten Tag empfinden viele Menschen den Tanz als „ungewohnt“, sind leicht verlegen, während am letzten Tag, nach einer Woche oder einigen Tagen der Tanz anders erlebt wird.

Wenn Sie also Zeit dazu haben, eine eigene Abschlussübung durchzuführen und die Stimmung im Seminar und zwischen den Teilnehmern entsprechend gut ist, wählen Sie eine der folgenden Übungen aus. Sie verstärkt das frohe Gefühl, mit dem die Teilnehmer nach Hause fahren, voller Energie und Tatendrang und zusätzlich mit einem schönen Geschenk, das sie innerlich aufbaut. Runden Sie Ihre Seminare damit ab und hinterlassen Sie somit positive Erinnerungen.

97 Weiser Rat (nach Klaus W. Vopel)

Zur Methode

Von dieser Methode erwarten Ihre Teilnehmer eventuell, dass Sie als Trainer nun Ihre Weisheit auspacken und sagen, „wo es lang geht“. Darum geht es in dieser Methode natürlich nicht, sondern wieder einmal darum, dass die Teilnehmer diese „Weisheit“ in sich selbst entdecken. Dieses ist in diesem Fall jedoch eher nur positiver Nebeneffekt. Sie können diese Methode schlicht als ein nettes kreatives Sprachspiel sehen, das je nach Mensch und Situation tiefschürfend, weise, albern oder lustig sein kann. Mit großer Wahrscheinlichkeit wird eine Mischung von allem dabei herauskommen.

Verlauf

Leiten Sie diese Übung mit folgendem Satz ein: „Stell dir vor, du triffst nun zum Abschluss des Seminars einen weisen Mann oder eine weise Frau, die dir einen Satz mitgibt, der in seiner Quintessenz eine wichtige Botschaft für dich bereithält. Vielleicht geht es darum, was du dir vorgenommen hast, sie kann sich aber auch ganz allgemein auf dein Leben beziehen. Du gehst dabei folgendermaßen vor …" Sie können das Prinzip mündlich erklären oder an einem Beispiel auf dem Flipchart verdeutlichen:

Jeder einzelne Teilnehmer schreibt seinen Namen vertikal auf ein Blatt Papier. Jeder Buchstabe des Namens bildet den Anfangsbuchstaben eines Wortes, das mit seiner Person zu tun haben sollte. All diese Worte ergeben einen Satz, eben diese weise Botschaft. Dieser Satz ist manchmal grammatikalisch etwas holprig, das macht aber nichts. Lassen Sie die Teilnehmer ihre Sätze vorlesen, aber auf freiwilliger Basis. Das ist ergreifend und lustig gleichermaßen.

Beispiele

Maria:	Ursula:
Mit	**U**nternehme
Anmut	**R**isiko
Reisen	**S**uche
In	**U**nterstützung
Asien	**L**iebe
	Arbeit

Das erste Beispiel könnte Reisepläne von Maria unterstützen, zu einem Zeitpunkt, als diese noch zweifelte. Beim zweiten Beispiel geht es um berufliche Umorientierung, einen Neuanfang als Selbstständige.

Welche Wörter die Teilnehmer aus ihren Anfangsbuchstaben basteln und wie sie diese interpretieren, das ist natürlich von Person zu Person verschieden. Sicher eine Form, in der das Unbewusste zu Rate genommen wird und sich äußert.

98 Koffer packen (nach Ulrich Baer)

Zur Methode

Hier bekommen die Teilnehmer zum Abschluss ein Geschenk von den anderen Teilnehmern, einen „Ratschlag“, eine Rückmeldung, ein positives Feedback, eine Ermutigung, freundliche Worte. Das tut jedem Menschen gut und zum Abschluss eines Seminars unterstützt es die freudige Stimmung, voll gepackt mit neuen Ideen, guten Vorsätzen und Unterstützung nach Hause zu fahren.

Verlauf

Jeder zeichnet einen Koffer auf ein großes Zeichenblatt, versieht ihn mit einem Namensschild und seinem Namen. Die Zeichnungen mit den Koffern werden ausgelegt. Nun gehen alle herum und schreiben in die Koffer jeweils (oder nur in die, wo sie etwas schreiben möchten) einen unterstützenden, aufbauenden Satz, eine positive Rückmeldung, also etwas, das sie dem anderen Menschen für die Zukunft wünschen.

99 Rücken-Botschaft

Zur Methode

Diese Methode unterscheidet sich etwas in der äußeren Form von der vorherigen und ist sozusagen noch eine Steigerung derselben. Hier bekommen die Teilnehmer nette Sätze von den anderen Teilnehmern geschenkt. Ich habe sie in einem Seminar mit Stephan Rude kennen gelernt.

Verlauf

Jeder Teilnehmer bekommt ein Zeichenblatt auf den Rücken geklebt. Die Teilnehmer laufen im Raum herum und schreiben sich gegenseitig Sätze positive Rückmeldungen auf den Rücken. Anschließend sitzen alle im Halbkreis, vorne steht ein leerer Stuhl. Der erste Teilnehmer geht nach vorne, nimmt sein Blatt vom Rücken und liest vor, was dort steht. Das ist manchem peinlich, etwas Nettes zu verlesen, das ihn betrifft. Die meisten Personen sind von so viel guten Wünschen meist tief berührt. Und diese Wünsche bekommen noch ein größeres Gewicht, weil sie vor anderen vorgetragen werden.

Ergänzung

Zum Schluss können Sie als Trainer dem jeweiligen Teilnehmer noch ein kleines, persönliches Geschenk mitgeben, wie etwa einen halben Stein, in dem ein Zettelchen mit einem schlauen Spruch steckt. Das bietet sich allerdings eher an, wenn das Seminar lang war oder eventuell am Ende einer Fortbildungsreihe.

100 Wörter verschenken (nach Klaus W. Vopel)

Zur Methode *Diese kreative Übung führe ich sehr gerne durch: in unterschiedlicher Länge und Intensität und in ganz unterschiedlichen Zusammenhängen. Immer wieder erstaunlich ist es, dass immer neue Aspekte eines Menschen ans Licht kommen, selbst, wenn man schon einige Zeit miteinander verbracht hat. Damit sind nicht nur dichterische Talente gemeint, sondern die Art der Gedanken und Gefühle sowie die Tatsache, wie sie ausgedrückt werden. Bei der längeren Variante dieser Übung sind die Teilnehmer nachher oftmals von den Ergebnissen berührt. Diese Übung kann auch einen feierlichen Abschluss eines Seminars darstellen.*

Eine noch ganz andere Ausprägung erfuhr diese Übung bei Meditationsseminaren, die ich jedes Jahr in der Sahara durchführe. Deren Bestandteil ist ein „Retreat“ mit siebentägigem Schweigen. Nach dem „Retreat“ gibt es dann eine Art Fest, zu dem jeder etwas beiträgt (Lied, Gedicht, Gebet, Tanz). Zuweilen wird die Übung „Wörter verschenken“ durchgeführt. Hier beziehen sich die Wörter dann eher auf die Prozesse und Erlebnisse im „Retreat“, auf die Wahrnehmung eines anderen Menschen auf einer noch „tieferen Ebene“.

Verlauf Sie können die Teilnehmer mit folgenden Worten an die Übung heranführen:
„Setz dich einen Moment lang bequem hin und schließe die Augen … Es gibt Wörter, die für uns eine ganz besondere Bedeutung haben … Lass einfach einmal Wörter auftauchen, die für dich im Moment besonders wichtig sind und einen schönen Klang haben … Such dir dann ein Wort aus … Wenn du ein Wort ausgewählt hast, mach die Augen wieder auf und schreibe es auf eins der kleinen Zettel … “

Sie haben vorher eine Menge kleiner Zettelstreifen in die Mitte gelegt und dünne Filzstifte. Jeder Teilnehmer nimmt sich einen Stapel Zettel und einen Stift. Nachdem jeder sein Wort aufgeschrieben hat und weggesteckt hat, stehen alle auf und gehen durch den Raum. Das Ritual läuft dann wie folgt ab:

Jeder sucht sich bis zu sechs andere Teilnehmer, von denen er ein Wort geschenkt bekommen möchte. Er geht zu dem ersten hin und sagt: „Bitte schenke mir ein Wort." Der andere besinnt sich einen Moment und wartet ab, welches Wort in ihm aufsteigt, das er dem anderen schenken möchte. Das kann etwas Positives sein, das er im anderen sieht, oder etwas, das er dem anderen wünscht (weil er z. B. weiß, dass dieser das gerne hätte). Er schreibt dieses Wort auf einen Zettel und reicht es ihm. Dieser liest es, bedankt sich „Danke schön!" und läuft weiter. Es ist wichtig, dass weiter nicht gesprochen wird, also keine Fragen, keine Erklärungen (das kann eventuell später stattfinden, ist aber eigentlich nicht nötig).

Weiterführung

Sobald jeder je 6 Teilnehmer gefragt hat und 6 Zettel in der Hand hat, setzen sich alle wieder hin. Sie legen am besten die 6 Zettel und ihren eigenen vor sich hin, haben nun also 7 geschenkte Worte vor sich. Daraus sollen sie ein Gedicht schreiben, in dem diese Begriffe vorkommen. Erklären Sie, dass es nicht darum geht, ob das Gedicht sich reimt oder bestimmten Jamben und Rhythmen folgen muss. Lassen Sie die Teilnehmer einfach drauflos schreiben …

Schreiben Sie diese „Gedichte" mit bunten Stiften auf einen großen Zeichenblock und lassen Sie auch noch Bilder dazu malen. Die „geschenkten" Wörter werden besonders markiert, umrandet oder in einer anderen Farbe aufgeschrieben. Durch das Darstellen an den Pinnwänden oder der Wand stellen Sie die Ergebnisse allen Teilnehmern zur Verfügung. Dies ist für viele eindrucksvoll und bewegend.

Anhang

Seminarthemen, die als methodische Beispiele aufgeführt sind:

- Ausbildung
- Beruf
- Kommunikation
- Kraft der Vorstellung
- Kreative Ideenfindung
- Kreative Problemlösung
- Kreativitätstraining
- Kundenzufriedenheit
- Lehren und Lernen
- Methoden für Trainer/Seminarmethoden
- Motivation
- Persönlichkeitsentwicklung
- Prüfungsangst
- Stressbewältigung
- Suggestopädie
- Zeitmanagement

Ergänzende Literatur

AGB, *Tänze und Spiele für die Gruppe*, Münster 1990
Aldinger, M., *Bewußtseinserheiterung*, Freiburg 1989
Bachmann, W., *Chaos – die neue Kraft im Selbst-Management*,
Friedrich, M., *Das kreative Brainwriting als innovatives Ordnungskonzept*, Paderborn 1994
Besser, R., *Transfer: Damit Seminare Früchte tragen*, Weinheim und Basel 2001
Baer, U., *666 Spiele*, Remscheid
Birkenbihl, V. F., *Das neue Stroh im Kopf?*, Landsberg am Lech 2000
Dr. Driever-Fehl, D., *Motivation, der Schlüssel zum Erfolg*, 2003
Christiani, A., *Weck den Sieger in dir!*, Wiesbaden 1997
Dhority, L., *Moderne Suggestopädie*, Bremen 1986
Hertlein, M., *Mind-mapping*, Hamburg 1997
Kellner, H., *Die besten Kreativitätstechniken in 7 Tagen*, Landsberg am Lech 1999
Klein, Z. M., *Leichter lernen mit Spaß*, Freiburg 2001
Klein, Z. M., *Lerntechniken in kleinen Schritten*, Darmstadt 2001 hiba-Weiterbildung, Band 20/10
Klein, Z. M., *Ganzheitliches Lehren und Lernen*, Band 1 – Lerntechniken und Methoden; hiba-Weiterbildung, Band 10/29
Klein, Z. M., *Ganzheitliches Lehren und Lernen, Band 2 – Unterrichtsmaterialien*, hiba-Weiterbildung Band 10/29
Klein, Z. M., *Ganzheitliche Lernmethoden und Materialien für den (Fach-)Unterricht*, hiba – Weiterbildung, Band 10/40
Klein, Z. M., *Seminarmethoden, Übungen und Spiele zum lebendigen Lernen*, hiba – Weiterbildung, Band 10/41
Luther, M., *NLP – Spiele-Spektrum*, Paderborn 1994
Maaß, E., Ritschl, K., *Phantasiereisen leicht gemacht*, Paderborn
Pelke, E. S., *Sanftes Lernen*, Bremen 1988
Riedel, K., *Persönlichkeitsentfaltung durch Suggestopädie*, Hohengehren 1995

Rose, C., Nicholl,M. J., *Der totale Lernerfolg*, Landsberg am Lech 1998
Rose, C., Nicholl, M. J., *M*A*S*T*E*R – Learning*, Landsberg am Lech
Rose, C./Gill, M.J, Monnet, Cl., *TEP – Trainings- und Entwicklungsprogramm*
– Handbuch für Trainer und Entwickler
– Aktivierungen
– Kundenzufriedenheit – ein Wort wird lebendig, Flensburg 1999
Schuster, D. J., *Suggestopädie in Theorie und Praxis*, Bremen 1986
Gritton, Ch., E. SKILL – Autorenteam, *Kreativ lehren und lernen*, Offenbach 1995
Thomas, C., *Vistem – der klare schnelle Weg zur Sache*, Weinheim und Basel, 1996
Thomas, C., *Erfolgreich Ideen finden*, München 2000
Vopel, K. W. *Die Zehn Minuten Pause, Mini-Trancen gegen Streß*, Salzhausen 1996
Vopel, K. W., *Höher als die Berge …*, Salzhausen 1993
Wallenstein, G. F., *Spiele: Der Punkt auf dem i*, Basel 1995
Wester, J., *Superlearning – Schneller lernen ohne Stress*, Wiesbaden1989

Kataloge

Iskopress: Postfach 1263, 21373 Salzhausen, Tel. 0 41 72/76 53

villa bossaNova/Skill Media: Postfach 13 02 51,
42817 Remscheid, Tel. 0 21 91/8 02 17

Robin-Hood Versand: Küppelstein 36, 42857 Remscheid,
Tel. 0 21 91/79 42 42

Glossar

M.A.S.T.E.R

Grundlage des TEP, ein Akronym:
M – mentale Vorbereitung
A – Aufnehmen der Lerninhalte
S – Suche nach persönlichem Sinn und Bedeutung
T – Treibstoff für das Gehirn
E – Einsatz des Gelernten
R – Reflexion über den Lernprozess
siehe Literaturliste:
– Der totale Lernerfolg
– MASTER – Learning

TEP

Training- und Entwicklungsprogramm (ein Lernprogramm für Trainer), siehe Literaturliste:
– Rose, C., Gill. M. J., Monnet, Cl.: TEP – Trainings- und Entwicklungsprogramm

Suggestopädie

Eine von Dr. Georgi Lozanov entwickelte ganzheitliche Lehr- und Lernmethode, die alle Sinne mit einbezieht, die psychische Seite des Lernens ebenso berücksichtigt wie den Körper. Arbeitet mit Musik, Entspannung, Bewegung und spielerischen Lernmethoden, siehe Literaturliste:
– Dhoritiy; Schuster
– Gritton; Pelke; Riedel

Vistem

Visualisieren mit System; eine Denk-, Kommunikations- und Handlungs-Methodik von Carmen Thomas, siehe Literaturliste:
C. Thomas: *Erfolgreich Ideen finden*
C. Thomas: *Vistem – der klare schnelle Weg zur Sache*

Namen zitierter Autoren:
Baer, Ulrich
Birkenbihl, Vera F.
Christiani, Alexander
Driever-Fehl, Dorothea
Kellner, Hedwig
Thomas, Carmen
Vopel, Klaus W.

s. auch Stichwortverzeichnis

Über die Autorin

Zamyat M. Klein

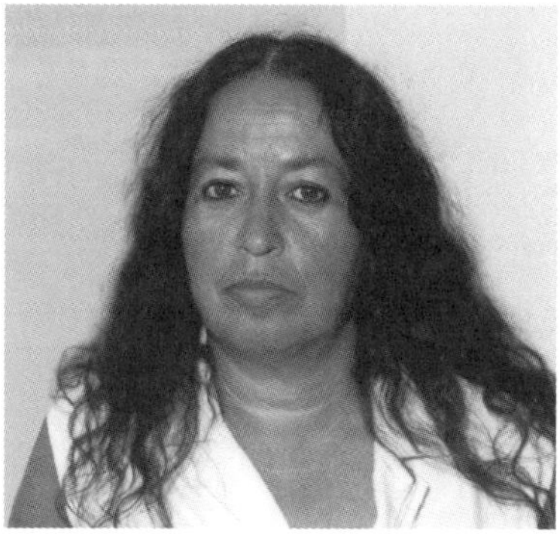

1949 in Köln geboren
Diplom-Pädagogin
Seit über 20 Jahren Trainerin,
seit 1991 freiberufliche Trainerin,
Coach, Beraterin und Autorin

Zusatzausbildungen als/in
- Yogalehrerin (GGF /BDY)
- Gestalttherapie (IHP / BVPPT)
- Beraterin für Positives Denken (Peiffer Foundation London)
- NLP (Deutsche Akademie für Angewandtes NLP/DVNLP)
- Suggestopädie (Skill-Institut)

Zamyat M. Klein bietet Seminare und Beratungen zu folgenden Themen an:
- Methoden für Trainings und Seminare
- Lern- und Arbeitstechniken
- Motivation
- Entspannung und Stressbewältigung
- Zeit- und Selbstmanagement
- Kreative Ideenfindung und Problemlösung

Einmal im Jahr begleitet sie eine Gruppe in die Sahara und führt dort ein Meditations-Retreat durch.

Regelmäßige Wochenendseminare: Kreative Methoden für Trainings und Seminare, Termine bitte erfragen

Trainer-Ausbildung in Köln, Beginn 2004, bitte Infos anfordern

Veröffentlichte Bücher

1) *Ganzheitliches Lehren und Lernen*
   Bd.1, Lerntechniken und -methoden,
   hiba-Verlag, ISBN 3-89751-129-0
2) *Ganzheitliches Lehren und Lernen*
   Band 2: Unterrichtsmaterialien,
   hiba-Verlag, ISBN 3-89751-130-4
3) *Ganzheitliche Lernmethoden und Materialien*
   für den Unterricht
   hiba-Verlag, ISBN 3-89751-140-1
4) *Seminarmethoden, Übungen und Spiele*
   zum lebendigen Lernen
   hiba-Verlag, ISBN 3-89751-141-X
5) *Lerntechniken in kleinen Schritten*
   hiba-Verlag, ISBN 3-89751-210-6
6) *Leichter lernen mit Spaß*
   Bewährte Techniken – erprobte Tipps
   Verlag Herder/Spektrum, ISBN 3-451-04959-7

Bei weiteren Fragen wenden Sie sich bitte an:

ZamyatSeminare
Training & Beratung

Zamyat M. Klein
Breideneichen 4
D-53797 Lohmar

Tel. 02206-81767
Fax 02206-6895
eMail info@zamyat-seminare.de
www.zamyat-seminare.de

Stichwortverzeichnis